Béatrice Malleron-Emery

CHOISIR LA VERITE OU LE MENSONGE POUR CEINTURE!

Béatrice Malleron-Emery

CHOISIR LA VERITE OU LE MENSONGE POUR CEINTURE!

TENONS NOUS DEBOUT AVEC LA VERITE POUR CEINTURE

Éditions Croix du Salut

Imprint

Any brand names and product names mentioned in this book are subject to trademark, brand or patent protection and are trademarks or registered trademarks of their respective holders. The use of brand names, product names, common names, trade names, product descriptions etc. even without a particular marking in this work is in no way to be construed to mean that such names may be regarded as unrestricted in respect of trademark and brand protection legislation and could thus be used by anyone.

Cover image: www.ingimage.com

Publisher:
Éditions Croix du Salut
is a trademark of
Dodo Books Indian Ocean Ltd. and OmniScriptum S.R.L publishing group

120 High Road, East Finchley, London, N2 9ED, United Kingdom
Str. Armeneasca 28/1, office 1, Chisinau MD-2012, Republic of Moldova, Europe
Managing Directors: Ieva Konstantinova, Victoria Ursu
info@omniscriptum.com

Printed at: see last page
ISBN: 978-3-330-70761-0

Préface

Merci à Dieu Père Eternel de m'avoir appelée par le « me voici »

Le 4 juillet 2000, première Effusion de l'Esprit Saint à Lourdes, je reçois la louange. Je suis retournée comme une crêpe, la prière deviendra très importante dans ma vie.

Ensuite, un verset biblique tiré d'une corbeille dans une chapelle dans l'Oise « Demandez et vous recevrez » Mt 7, 7.

Mai 2004, guérison miraculeuse d'une jeune fille sur la table d'opération à l'heure où j'ouvrais la porte du Tabernacle dans une Chapelle dans la Haute-Loire pour l'animation d'une heure d'Adoration Eucharistique pour des Collégiens le temps de leur récréation.

Mai 2004, le Prieur de la Chaise-Dieu dans la Haute-Loire me confia au cours d'une rencontre générale « vous êtes charismatique, vos prières sont exaucées ». Le charisme de guérison est confirmé. Donné par la Vierge Marie le 4 septembre 1991 à Lourdes lors de mon engagement en Eglise comme Piscinière, au service des Personnes Malades et Handicapées. Une ancienne Présidente de l'Hospitalité du Berry m'avait écrit « ta vocation, c'est d'aider les souffrants ».

Cette rencontre nocturne avec le Seigneur par la prière continuera toutes les nuits de la Toussaint à Pâques 2004, puis de temps en temps jusqu'en juillet 2004.

A partir de ces réveils nocturnes, je fais des efforts dans la journée, prière avec le psautier acheté dans un Prieuré, Messe en semaine aux Carmes, et j'ai repris un engagement dans le

Guidisme (Scoutisme féminin), comme responsable de secteur pour aider les responsables débutantes…

La prière continue la nuit, et je prépare aussi un Jeune de 5ème au Baptême. L'heure de Dieu est arrivée à la Veillée Pascale 2004, le 10 avril. Il m'avait été demandé de lire et j'avais choisi un texte de la Genèse[1], le sacrifice d'Isaac, étudié en catéchèse. Un comédien chrétien avait préparé tous les lecteurs à la lecture de la Parole de Dieu. Et j'avais appris qu'il ne faut pas regarder les personnes, chose que je faisais d'habitude, car cela trouble leur intimité avec Dieu. Si on veut insister sur un mot, car il nous touche, il faut diriger le regard en hauteur pour ne pas effleurer celui des autres de peur de violer une intimité. C'est Dieu qui agit à travers Sa parole, ce n'est pas nous.

Mais, ce soir-là, **c'est Dieu qui m'a touchée en plein coeur** par les mots de « me voici ». Je Lui ai proclamé haut et fort mon acquiescement pour devenir oblate, un appel « à vivre en envoyée du Père et en témoin de la charité ». Je n'étais plus dans la lecture, mais dans la proclamation de ce « me voici » total à Dieu que j'ai proclamé ce soir-là dans la Cathédrale.

Je venais de rencontrer ce Père Eternel bien-aimé, que je cherchais depuis mon Baptême en Allemagne. Il venait de me donner un rendez-vous d'amour dans la Cathédrale du Puy en Velay, dédiée à la Vierge Noire et Il me répétait à l'infini que j'étais sa fille. J'avais du prix à Ses yeux. Il voulait mon bonheur. Il n'était pas le père fouettard, comme on me l'avait présenté. J'étais submergée par la joie, le bonheur d'être aimée. Et à cette veillée Pascale, cela a été l'illumination, j'ai vu clair.

Je rends grâce à Dieu de ses merveilles. « La Vérité vous rendra libres », Jean 8, 32.

---

[1] Genèse 22, 1-15

1- Quiconque appartient à la vérité écoute ma voix, Jn 18,37

■ 1° En août 2005, après le Jubilé du Puy en Velay, en retraite au Foyer de Charité à la Flatière près de Chamonix, le père Jacques Ravanel (qui fut Responsable international des Foyers de Charité, après le décès du Père Finet et qui accompagnait Marthe Robin) en est le prédicateur principal.

A la fin de la retraite, nous nous sommes rendus à la Chapelle. Nous nous présentions devant lui et il remettait à chacun une Parole de l'Écriture. Et, il nous avait bien précisé auparavant que si cette phrase biblique nous interpellait de quelque façon que ce soit, nous devions trouver un prêtre pour lui en parler. Nous étions en file indienne et je me présentais devant lui. Il avait à la main, une Parole de Vie qu'il venait de tirer du bas de l'assiette en porcelaine. Il allait me la donner quand il m'a regardée. Il a reposé le mot de l'Écriture pour faire tout le tour de l'assiette, côté gauche et prendre celle du milieu en haut.

Quand j'ai reçu cette Parole, j'ai été bouleversée et impressionnée. C'était la troisième fois que je recevais cette Parole Divine. Jésus avait un message particulier à me délivrer. Et je me suis posée beaucoup de questions :

• Pourquoi avoir échangé cette Parole après m'avoir regardée ?

• Pourquoi avoir prise uniquement celle du haut et non une autre ?

• Est-ce QUELQU'UN le lui avait soufflé ? Cela m'a beaucoup interpellée. Je n'ai pu le rencontrer parce que tous ses rendez-vous étaient pris. Mais je lui ai écrit et il m'a répondu ceci:

« chère Madame, avec vous, je rends grâce à Dieu de toutes vos découvertes spirituelles et me réjouis de ce que la Parole de l'Écriture transmise à la chapelle vous ait confirmée dans l'orientation de votre vie avec Jésus. Je vous remercie d'accepter votre mission de prière et de catéchèse. »

1) M'aimes-Tu ?
Suis-Moi.

■ 2° Et j'apprends à la Toussaint 2005 les infidélités de mon mari depuis 15 ans. Aussitôt, je lançais une chaîne de prières internationales pour que des priants nous portent dans la prière. Début juillet 2006, mon mari me quitte. Fin juillet 2006, lors de mon agapè ou guérison intérieure, je recevais : « que t'importe qu'il demeure jusqu'à ce que je vienne, suis-Moi » Jn 21, 22 « et Je m'occupe de lui. » Lui étant mon mari ! Verset biblique donné par une théologienne qui avait un charisme de connaissance. Ce verset m'avait permis de tenir, alors que mon mari était parti. Cette phrase suit dans la Bible le « m'aimes-Tu » reçu le 19 juin 2004. Un évêque avait mis des esprits impurs sur lui parce qu'il avait découvert qu'il était comme « Mgr Bugnini ». Voilà la raison du départ de mon mari, et il n'a jamais voulu rencontrer un prêtre exorciste. Et c'est la mode dans l'Eglise Catholique de mettre des esprits impurs sur les personnes qui dérangent, même sur des prêtres !

■ 3° Le matin du 19 juin 2004, très tôt, il faisait jour, dans une chambre d'appoint chez les futurs beaux-parents de ma fille aînée, j'entendis une voix me dire : « m'aimes-tu ». Je me suis relevée d'un bond du lit et j'ai répondu à haute voix : « oui, Seigneur, je T'aime » avant de regarder à droite, à gauche, mon mari dormait, il n'avait rien entendu. Et j'ai passé tout le reste de la journée à Le prier, en me disant que je fabulais et que ce n'était pas possible. Et j'ai gardé tout au long de la journée cette parole merveilleuse, intriguée et sceptique à la fois et forte et réjouie de dire vraiment à Dieu tout mon amour. Quand on sait qu'on est aimé du Seigneur, la force et la puissance Divine nous sont données. Aussi, ai-je demandé à mon père spirituel son avis éclairé, il m'a répondu : « donner et servir ! »
Tout un programme ! Cette phrase reçue à l'agapè m'a permis de tenir debout des jours et des nuits, lorsque la souffrance me

submergeait, telle une vague violente qui aurait voulu tout dévaster sur son passage, un tsunami. Dans ces moments-là, je me mettais devant une Croix et à voix haute, je disais : Jésus, que Ton Sang très Précieux coule sur moi et me recouvre de la tête aux pieds, car sans Toi, je sombre. Viens me relever, aie pitié de moi. Et je repartais soulagée, revigorée, redressée, la souffrance donnée à Jésus, libérée, sauvée. En lisant un livre « Généalogie et Eucharistie[2] », je m'aperçus que mon mari est infesté par le démon et qu'il m'a aussi infestée par les liens du mariage ! Confirmé par un prêtre, Conseiller conjugal. Le Seigneur est bon. Il a mis sur ma route, le père Denis Sonet Conseiller conjugal, qui m'a longuement écoutée et qui m'éclaira sur ce que je vivais. Et, il me rassura : « Ôtez-vous le poids de la culpabilité, votre mari est infesté par le démon ». Et je n'avais pas à me sentir coupable, car **je ne pouvais rien y faire**[3], alors que mon mari passait pour un grand chrétien Hospitalier. Donc, j'ai pardonné à mon mari et à sa maîtresse et je prie pour eux. « Jetez-vous dans les bras du Père pour supporter les souffrances, vous êtes acculée à la sainteté », me confia l'Abbé Sonet. Quel programme ! Et je rencontrais donc un prêtre exorciste, mais j'étais peu infestée parce que j'avais une foi forte, me confia-t-il.

■ 4° Dans un autre service d'exorcisme, en 2013, avec le prêtre exorciste et son assistante, je devais arriver un bon quart d'heure en avance dans la Chapelle pour chasser l'esprit de jalousie et l'esprit de magie lié à la jalousie, parce que ce prêtre et son assistante étaient jaloux de mes charismes ! Un jour que je montais l'escalier pour me rendre dans ma chambre, j'avais reçu de l'Esprit Saint cette Parole biblique « Isaïe 53,7. Maltraité, il s'humilie, il n'ouvre pas la bouche. » Aussi, à partir de ce jour, pour éviter tout problème, j'arrivais la dernière à la salle à

---

[2] Livre de Kenneth McAll.
[3] Si, on pouvait lui chasser ses esprits démoniaques et prier pour lui, même un Conseiller conjugal ne connaissait pas cela.

manger ou je jeûnais et j'emportais alors ce dont j'avais besoin dans ma chambre.

■ 5° Un prêtre exorciste, Docteur en Théologie, d'un autre diocèse m'avait confié devant témoin « votre Curé est jaloux des charismes que vous avez reçus » ! Et dans son délire de jalousie, ce Curé a même été jusqu'à me calomnier. Depuis, je pense que certains prêtres exorcistes ou prêtres n'étaient pas dans la Vérité, ils auraient eu besoin de prières de libération…

2) Libération
Extraordinaire

■ 6° Pour que le Seigneur me mette au service de mes frères et sœurs, il était indispensable qu'Il me libéra auparavant. Les Ténèbres avaient déjà reculé après une prière de délivrance, mais j'ai reçu une libération extraordinaire du Seigneur le 30 octobre 2006. Revenant d'une retraite de guérison intérieure, j'avais fait le point avec l'accompagnateur spirituel. Même si des souffrances avaient été mises en lumière, elles n'étaient pas libérées pour autant et ralentissaient considérablement mon chemin avec Dieu. Le père spirituel m'avait demandé d'écrire toutes les souffrances dans une lettre et de la lui remettre. Avec l'aide de l'Esprit de Vérité et après avoir beaucoup prié, j'ai écrit six pages de souffrances et je lui ai confiées dans la certitude que Dieu accomplirait des merveilles. Le prêtre avait prévu de célébrer une messe de libération ce 30 octobre, mais il ne m'avait pas invitée à y participer. Et je ne connaissais pas l'horaire de la Célébration dans l'Oratoire. Puis, réfléchissant à un problème grave et ne sachant pas comment le traiter, j'en étais là de mes réflexions, quand il s'est passé quelque chose d'incroyable. Ne pouvant maîtriser ce qui m'arrivait, je me suis levée de la table de travail et j'ai fait quelques pas. Ensuite, la cellule étant toute petite, je me suis assise sur le lit et je devenais spectatrice de ce qui se passait dans ma tête. Je regardais le mur d'en face et j'avais l'impression de voir sur ce mur, comme si cela était photographié, ce qui se passait à l'intérieur de mon front. Donc, je voyais sur ce mur une bande de film qui se dévidait, cela se passait au niveau de ma tête, comme si mon front était peint sur le mur, j'admirais des fils gris clair qui se rompaient et qui continuaient à se rompre. Et je me posais la question, « pourquoi ces fils sont-ils gris ? ». « Pourquoi pas verts ou rouges, mes deux couleurs préférées ?» Cette situation a duré assez longtemps. Puis, a éclaté dans ma tête le mot « LIBERATION ». Aussitôt, j'ai couru vers la Chapelle pour remercier **Dieu**. Je n'avais pas regardé ma montre et je ne connaissais pas l'heure de **ce miracle de libération**. Mais, je pouvais le situer dans le temps, parce que j'avais été invitée à deux veillées, mais je m'étais retirée pour essayer de réfléchir à ce problème. Le lendemain, je pus rencontrer mon père spirituel dans l'escalier et je lui demandais une rapide entrevue. Après lui avoir raconté l'évènement, il m'a annoncé qu'il avait célébré la Messe à 21h après avoir déposé ma lettre sur l'autel. Le Seigneur avait donc commencé son travail de libération par ces fils gris clair qui se rompaient. **Le Seigneur m'a libérée des souffrances de l'enfance** que j'avais demandées, mais aussi des souffrances de l'âge adulte que je n'avais pas mentionnées. Le Seigneur, dans sa grande bonté, m'a redonné quinze ans, les quinze ans de la double vie de mon mari. Des vrais amis m'ont annoncé que j'avais rajeuni de dix ans ; non, ai-je répondu, de quinze ans ! Et je suis devenue radieuse, la souffrance n'est plus à l'état latent.. Ma souffrance, elle est acceptée, offerte pour la conversion des pécheurs, en particulier ma famille. Au point que maintenant lorsque je souffre, il m'est répondu que c'est impossible parce que je suis rayonnante ! Des prêtres s'en sont aperçus ! Ayant tout donné à l'Esprit Saint, je lâche prise… et j'avais demandé la prière de mes frères et soeurs en juin 2008, lorsque j'ai su que mon mari demandait le divorce.

■ 6°a) Soeur Lucie, Carmélite malade, à qui je portais la Communion depuis octobre 2008, m'avait précisé que je souffrais pour réparer les blessures que mon mari infligeait à Jésus. J'avais bien compris que cela venait de l'Esprit Saint.

3) Libération, Guérison,
et Guérison intérieure

■ 7° N'ayez pas peur de demander cette prière, mais choisissez la bonne personne pour prier avec vous ! A Lourdes, apprendre à prier, en particulier aux Piscines dans les Sanctuaires, puisque, dans le service du Bain, on prie pour la dame que nous accueillons. Et Notre Chère Mère, Notre Dame de Lourdes, m'avait gratifiée, dès mon engagement en Eglise à servir les personnes malades et handicapées, le 4 septembre 1991, de deux charismes, la guérison et l'écoute, que personne n'avait discernés, puisqu'ils n'ont été reconnus qu'en 2004 par un Prieur de monastère dans la Haute-Loire.

■ 8° Dieu m'a fait la grâce de m'appeler à une mission particulière de « **sauver la vie à un peuple nombreux** » citée dans le deuxième livre et il m'avait été donné plusieurs versets bibliques dont **le livre d'Esther** le 8 janvier 2010 afin que j'intercède pour le salut des âmes. Comme un grand Saint que j'apprécie beaucoup, saint Pio de Pietrelcina, je dois prier pour le salut des âmes et la gloire de Dieu et j'ai reçu « **le combat de la souffrance** », « **le combat du mal et de la justice** » et « **le combat de la prière** »[4]. Sauver les âmes et ainsi que celles qui sont dans le passage de la mort et essayer de les sauver de l'Enfer est une de mes missions.

■ 9° Attestation sur l'honneur de Guérison totale d'Arthrite invalidante de l'index de la main droite en février 2011, je soussignée F… certifie sur l'honneur, avoir bénéficié de la prière

---

[4] Editions Croix Du Salut. www.editions-croix.com « Si tu crois, tu verras la Gloire de Dieu « le combat de la souffrance » page 159, « le combat du mal et de la justice » page 157, « le combat de la prière » page 157.

de Béatrice… le dimanche 27 février 2011 lors d'une communication téléphonique en soirée, et constater, et ce, dès le début de la prière une sensation de chaleur et apaisement de la douleur dans la main droite. Et cela de façon graduelle dans le temps, c'est-à-dire pendant, après, et jusqu'au lendemain, de cette prière avec une résorption à 90% de l'inflammation d'arthrite dans l'index de la main droite. A ce jour (10 mars 2011), je constate une guérison totale.

J'ai également eu l'opportunité de bénéficier de la sainte et efficace prière de Béatrice en décembre dernier 2010, alors que je l'avais sollicitée dans le cadre, très délicat, d'un prolapsus hémorroïdaire et j'avais déjà constaté, dès, après la prière… une amélioration. Et dans les jours suivants, une disparition du prolapsus hémorroïdaire. Pour avoir ressenti de manière significative, l'onction du Seigneur en action ce dimanche 27 février 2011, je suis particulièrement heureuse d'apporter ce témoignage au crédit du charisme de guérison de Béatrice… ; et suis convaincue que, assurément, l'Esprit Saint l'a tout spécialement choisie pour guérir et évoluer, dès à présent, au sein de son Royaume sur terre. F…

■ 10° Madame Béatrice a dit sur moi les prières de libération adéquates à mon cas le 18 décembre 2011 et de nouveau le 25 décembre 2011 puisqu'elle a eu la bonté de m'inviter à passer Noël avec elle afin que je ne reste pas seule. […] Depuis Noël, je dois honnêtement reconnaître que je ressens intérieurement une lueur de joie. Suite à un accident, j'ai été défigurée. Le 6 janvier 2012, je suis allée pour la troisième fois consulter cet ostéopathe récemment installé qui, manifestement m'aide à retrouver une santé physiologique, suite à tous les traumatismes que mon corps a subi depuis 40 ans. Après avoir posé ses mains pendant un certain temps sur mon visage au niveau de la greffe osseuse et de mon œil […], aimablement, il me partagea son ressenti : « j'ai senti de la joie monter de cet endroit-là ». C'est un grand honneur et une grande joie de témoigner de ces faits qui me confortent dans le charisme donné par Notre Seigneur à Béatrice…, tout le témoignage 42 est donné dans le septième livre « Etes-vous exorciste, Madame ? », en 2024. Et je retrouve dans mes notes gardées du 28 février 2012 ce que j'avais écrit à mon accompagnateur spirituel, que j'avais vu le dimanche 26 février 2012 **un embryon d'œil** dans la cavité oculaire de cette dame qui avait eu une greffe osseuse. Une infirmière qui était avec moi a vu aussi cette merveille de Dieu. C'est très rare en France, en tout cas, ce n'était jamais arrivé à Lourdes. Pour le moment, c'est secret, son père spirituel a eu peur de regarder, mais il va le faire prochainement, car c'est très propre. Je n'avais jamais vu une chose pareille et j'étais dans la joie de voir ce que Dieu peut faire. C'était admirable d'admirer la Grandeur de Dieu, la Puissance de Dieu. Merci Seigneur pour tes bienfaits.

■ 11° Des nouvelles de la jeune femme qui était schizophrène, son sms date du 23/09/2011. Merci Béatrice d'avoir prié pour moi, cela va mieux, en union de prières, que le Seigneur vous bénisse <u>1000</u> fois.

■ 12° Une autre Marthe[5] est aussi malade de schizophrénie et elle a une bipolarité. Elle me témoigne qu'après la deuxième prière et la troisième prière, son cerveau se décongestionne, comme si cela s'en allait.

■ 13° Une dame avec une histoire très compliquée : elle témoigne : […] Que mon mari, depuis tes prières, n'a plus mal à son genou et qu'il est devenu plus conscient et plus fervent… Qu'enfin, je n'ai plus ressenti, en rentrant chez moi, la sensation de revenir dans une prison, à attendre la mort. Que je sens la vie poindre et revenir m'habiter. Je ressens à nouveau des élans de joie. Qu'il y avait pléthore de malédictions dans ma famille et celle de mon mari, […] ces aspects et obstacles qui m'entravaient

---

[5] Le prénom est modifié.

et me désespéraient n'avaient jamais été abordés aussi précisément, ni de fait levés. […]

■ 14° D'un prêtre pour qui j'ai prié : « je trouve que ses pistes de recherche sont super. Elle coupe tout lien possible avec ce qui est nommé sur sa liste. Dans les jours suivants, cela m'a donné une grande assurance. Je maintiens que j'ai eu **une guérison au niveau du cœur**, je ne sais pas quoi exactement, mais avant il ne me fallait pas rester beaucoup sur le côté gauche (style « pincement » inquiétant), parfois seulement quelques secondes et maintenant, ça ne le fait plus. (Depuis plus de trois mois). J'avais eu un électrocardiogramme à l'adolescence. Béatrice ne demande pas d'argent. Je lui suis très reconnaissant.

■ 15° Je me souviens d'un Prêtre à la sortie d'une Messe dans la Chapelle d'une Communauté de prêtres âgés, s'approchant de moi, sans me toucher la main et me disant plusieurs fois « **Merci, Merci** ». Très surprise, je l'ai regardé et j'ai bafouillé un remerciement, ne comprenant pas pourquoi il voulait me remercier, venant d'un prêtre que je ne connaissais pas. Mais, j'avais eu le temps de mémoriser la façon dont il était habillé, son étole me semblait ancienne d'une belle couleur violette, avec des motifs délicieux. Ensuite, j'ai pu discuter avec une des Sacristines et j'ai décrit le prêtre. La réponse de la Sacristine ne m'a pas étonnée, elle ne le connaissait pas. Et j'ai pensé le retrouver le lendemain, lors de la Messe pour en découvrir un peu plus, mais, le cherchant du regard dans l'assistance, j'ai reçu de l'Esprit Saint la motion suivante « tu ne le retrouveras pas, il n'est pas ici.» Alors, j'ai compris qu'il était **venu des Demeures Eternelles me dire merci.** Une âme du Purgatoire qui était montée au Ciel, suite à ma prière de libération, au Nom de Jésus. C'était aussi un superbe cadeau de remerciement de Notre Seigneur. Alors, je me suis rappelée que, quelques jours auparavant, j'avais prié une prière de libération pour des vivants et pour des âmes du Purgatoire. D'ailleurs, le soir même à l'église paroissiale, j'avais reçu par deux fois, **une onction de lys blanc**, d'abord à l'ambon quand je lisais la première lecture, et ensuite au-dessus du ciboire quand le prêtre m'avait donné la Sainte Communion. Il est probable que **Notre Seigneur donnait une Hostie où Il était réellement Présent à ceux qui étaient très croyants.**

Quand on sait qu'on est aimé du Seigneur, la Force et la Puissance Divine nous sont donnés pour prier pour les autres. Il faut les demander dans la prière tous les jours et revêtir l'armure de Dieu pour être protégé. Ne pas s'éloigner de la Parole de Dieu et Faire sa Volonté.

2 – Revêtir l'armure de Dieu pour combattre spirituellement

■ 16° Lettre de saint Paul Apôtre aux Ephésiens 6, 10 à 18 :

« 10 En définitive, rendez-vous puissants dans le Seigneur et dans la vigueur de sa force.

11 Revêtez l'armure de Dieu, pour pouvoir résister aux manœuvres du diable.

12 Car ce n'est pas contre des adversaires de sang et de chair que nous avons à lutter, mais contre les Principautés, contre les Puissances, contre les Régisseurs de ce monde de ténèbres, contre les esprits du mal qui habitent les espaces célestes.

13 C'est pour cela qu'il vous faut endosser l'armure de Dieu, afin qu'au jour mauvais vous puissiez résister et, après avoir tout mis en œuvre, rester fermes.

14 Tenez-vous donc debout, avec la Vérité pour ceinture, la Justice pour cuirasse,

15 et pour chaussures le Zèle à propager l'Evangile de la paix ;

16 ayez toujours en main le bouclier de la Foi, grâce auquel vous pourrez éteindre tous les traits enflammés du Mauvais ;

17 Enfin recevez le casque du salut, et le glaive de l'Esprit, c'est-à-dire la Parole de Dieu.

18 Vivez dans la prière et les supplications ; priez en tout temps dans l'Esprit ; apportez-y une vigilance inlassable et intercédez pour tous les saints. »

■ 17° Je dois revêtir l'armure de Dieu et prendre en main le bouclier de la Foi pour éteindre tous les traits enflammés du Mauvais. Aussi, je vous recommande de réciter ces versets bibliques tous les matins. La Parole de Dieu est indispensable dans le combat spirituel et aussi le jeûne. Les versets bibliques nous protègent contre le Diviseur. Si, dans certaines situations, on peut être craintif, il est nécessaire de citer plusieurs versets bibliques, même en boucle et cela nous permet d'être à l'écoute du Seigneur Jésus, de l'Esprit de Vérité et la peur peut, doit quitter nos cœurs. Et demandez l'aide des vrais Archanges, des vrais Anges Gardiens. Mettre sa confiance en Dieu et Il répond.

4) Histoires sur l'aide
des Anges Gardiens

■ 18°Au Puy en Velay, je traversais un passage clouté double, c'est-à-dire que quatre voitures devaient s'arrêter pour laisser passer les piétons. Le feu des piétons venait de passer au vert, ce qui me permettait de traverser après avoir vérifié si je pouvais le faire. Et je m'engageais, quand une voiture conduite par un jeune conducteur déboula à vive allure. Aussi, je sentis que quelqu'un m'avait touchée et m'avait fait reculer, en effet, le souffle de la voiture toucha le bout de mes souliers. Sans cet
« ange gardien inconnu » qui m'avait sauvé la vie, je roulais sous la voiture. Très émue, je me retournais pour remercier ce bon samaritain. Je fus très surprise de constater qu'à des kilomètres à la ronde, il n'y avait personne. Et j'ai su tout de suite que c'était mon saint Ange Gardien qui venait de me sauver la vie.
Ce n'était pas le jour de ma mort. Je me rendais dans un collège catholique catéchiser des Jeunes de sixième qui, d'ordinaire, étaient très agressifs vis-à-vis de Dieu. Ce matin-là, j'ai raconté mon témoignage. Aucun n'a mis en doute ce que je venais de vivre. Et la séance de catéchèse fut très enrichissante pour chacun. L'un de ces Jeunes me confia « vous, Madame, vous irez au Paradis ». Je lui ai répondu « dis-le plus fort pour que le Ciel t'entende ! »**Les Anges Gardiens** m'ont sauvée plusieurs fois de problèmes graves en voiture.

■ 18°a) En mai 2024, je partais en voiture dans un village distant de sept kilomètres de chez moi, j'avais quitté la route Départementale pour une petite route de campagne, afin de faire une course urgente un samedi matin. Quand je monte en voiture, depuis bien longtemps, je fais un Signe de Croix, pour me mettre et ma voiture sous la protection de Jésus et je cite plusieurs éléments de la voiture indispensables à son bon fonctionnement. Donc, je roulais sans souci sur cette petite route que je venais d'emprunter, quand j'ai entendu un bruit au pneu arrière gauche. Tout de suite, j'ai appelé à l'aide mes Anges Gardiens. Puis, j'ai entendu un autre bruit comme si cela se dégonflait et j'ai continué à prier et à demander l'aide de mes Anges Gardiens. Ensuite, j'ai ressenti du feu par le charisme des odeurs et j'ai continué à prier pour chasser ce feu. Et je ne pouvais pas m'arrêter, route trop étroite et dangereuse en cas d'arrêt. Et j'ai prié pour arrêter le feu avec leur aide. En même temps, je vérifiais si le problème venait de l'intérieur de la voiture. En effet, la difficulté venait bien de l'extérieur, du pneu gauche. Je ne sais pas ce que les Anges Gardiens ont fait, je ne les voyais pas, mais ils ont éteint le feu, réparé et regonflé le pneu et j'ai pu finir mon voyage sans souci. Et j'ai su que c'était un maléfice mis par quelqu'un qui aurait voulu me tuer ! Or, mes Anges avaient été prévenus avant que je monte en voiture. Cette situation fut quand même un peu stressante à vivre ! Mais, dès qu'on prie, on oublie le tragique de la situation. Nos Anges Gardiens sont superbes !

■ 18°b) Une dame s'était cassé le coude, elle avait rencontré son médecin qui lui avait fait un soin et son coude étant bandé. J'ai prié pour que le Seigneur guérisse son coude et j'ai vu en vision des Anges Gardiens « tricoter » le coude qui a été guéri rapidement et cela a surpris son médecin.

Vive Dieu de nous avoir donné ces fidèles compagnons célestes à nos côtés. Prions-les chaque jour pour qu'ils nous protègent et veillent sur nous. Aussi, il ne faut pas oublier de les remercier.

■ 19° Dans le septième livre « Etes-vous exorciste, Madame ? », vous trouverez une prière de délivrance pour les débutants. Pourquoi une prière de délivrance ? Parce que nous pouvons tous avoir besoin de réciter une prière de délivrance. Quand vous vous confessez, le prêtre Confesseur vous libère-t-il des esprits démoniaques liés à vos péchés ? Lire le Texte du P. Fropo[6]. Je vous conseille de le faire avant de rentrer dans le Confessionnal. Et aussi de vous libérer des esprits impurs liés aux péchés de la journée, liés à vos rencontres avant de vous endormir. Une dame m'avait jeté un maléfice en sortant de chez moi. Et il était déjà détruit avant que je monte en voiture.

Ainsi, je vous recommande d'apprendre par cœur des versets bibliques ou les noter sur un carnet afin de ne pas les oublier, l'ennemi de nos âmes peut nous les faire oublier. Rappelez-vous que la louange a une puissance sur le cœur de Dieu.

Souvenez-vous pour ceux qui me lisent, soit au moyen de mes livres, soit à Internet à Gloria-tv, soit sur mon site[7], que j'avais chassé le démon par une prière de louange récitée en boucle, aux Piscines de Lourdes, le 14 septembre 2009. Et aussi je l'avais plongée dans le Sang du Christ pour qu'elle soit protégée de toute attaque visible ou invisible. Pour chacun de nous aussi, demandez être protégé (e) de toute attaque, demandez à être plongé dans le Sang Précieux de Jésus-Christ. Ne pas oublier la prière de protection, indispensable avant de sortir de chez soi.

■ 20° Le prêtre exorciste consulté quinze jours plus tard après l'épisode de Lourdes en 2009 me confia : « le discernement que j'avais eu de la maintenir au sol et de la tenir fermement a empêché qu'elle se blesse, voire qu'elle perde la vie et que l'équipe ne soit blessée ». « Le démon la projetait dans tous les

---

[6] Du P. Jean-régis Fropo, ancien prêtre exorciste Nouveau Rituel du baptême : le cri d'alarme d'un exorciste. Rédigé par Père Jean-Régis Fropo le 05 novembre 2016 dans Religion. https://www.hommenouveau.fr/1815/religion/nouveau-rituel-du-bapteme---le-cri-d-alarme-dun-exorciste.htm
[7] https://lajoieretrouvee.wixsite.com/auteure

sens, car Jésus l'obligeait à se retirer de la personne, à la libérer par la ferveur de ma Foi ». L'aide française dans le service des Piscines m'avait confié : « vous n'avez pas perdu votre sang-froid, vous avez agi avec autorité, êtes-vous exorciste ? » J'ai répondu que je n'étais pas exorciste, je n'en avais pas le droit, et je n'ai pas mentionné le charisme de guérison. Surtout, j'ai remercié Dieu d'avoir exaucé ma prière. Pour moi, c'était **le miracle de la Croix Glorieuse**. Ce jour-là, je fus ainsi avisée du charisme de libération que je recevrais le 8 janvier 2010.

■ 20°a) A Lourdes, j'avais accueilli une amie, en même temps ma fille spirituelle depuis un certain temps. Elle fait partie d'une équipe de priantes charismatiques. L'une a reçu du Seigneur que j'étais "prophète". Comment l'interpréter ? Est-ce en lien avec toutes les découvertes dans les Prières de Libération ou mon hérédité particulière ?

Pour prier pour les autres, il fallait d'abord que je sois libérée par Notre Seigneur. Je vous conseille d'être libéré (e) vous-même avant de prier pour les autres et parfois, même chaque jour. Vous pouvez me contacter pour une formation. Tous, nous avons besoin de prier, soit pour soi, soit les uns pour les autres. Il n'y a que le Seigneur qui peut nous rendre puissants dans la vigueur de sa force, avec aussi nos amis les Anges Gardiens. Récitons le texte biblique du combat spirituel (Eph. 6, 10 à 18).

3 - Rendez-vous puissants dans le Seigneur et dans la vigueur de sa force
Ephésiens 6, 10

6) Le 7/11/2009,
Miracle de la
Transfiguration

■ 21° Notre Seigneur m'avait permis de demander à Saint Padre Pio de m'aider. J'ai reçu : « **Suis le Christ**, fais ce qu'Il t'a demandé. Demande au Seigneur ce que tu n'as pas compris. Ne te décourage pas. Remercie le Seigneur pour toutes les choses nouvelles que tu découvres. Mets-toi sous la protection de Jésus et demande-Lui de te confirmer. Je te bénis ». Un Vrai Saint !

■ 21°a) Je bénéficiais **d'un miracle, celui de la Transfiguration d'une personne agonisante.**[…] Quand je suis passée devant Jeanne, malade agonisante que j'accompagnais pour la première fois et dernière fois pendant deux heures quarante-cinq minutes, le 7 novembre 2009, nous avons vu un visage resplendissant, des yeux ouverts, souriants, un beau visage plein de lumière, la bouche normale, des dents, des vraies dents bien blanches, pas un dentier qu'elle n'avait pas, le temps que je l'ai accompagnée. Nous avons vu un visage transfiguré. […] Comme saint Thomas (et saint Jean), je peux professer :
« nous avons vu et cru. » Déjà, je croyais à la Transfiguration du Christ, mais vivre en direct cet instant Unique prend une dimension surnaturelle où j'ai vu en quelques minutes la Gloire de Dieu sur la terre des vivants.[…] Les dents blanches me font percevoir que l'agonisante n'était plus souillée par ses péchés, ni par les esprits impurs liés aux péchés. […] Le prêtre présent (l'Aumônier de l'hôpital) que j'interrogeais beaucoup plus tard me confia : « ce visage lumineux était bien pour vous, quand

vous avez mis la main sur la poignée de la porte, tout s'est arrêté… » Avant ce Miracle, j'avais vécu à Lourdes un autre miracle la libération d'une personne possédée par le démon, envoyée par un exorciste italien pour prendre un bain aux Piscines, dame que j'ai accueillie dans le cadre de mon service de Piscinière, le 14 septembre 2009 et annonce du charisme de libération. Je vous renvoie à ce septième livre, déjà évoqué au chapitre précédent « Etes-vous exorciste, Madame ? » et aux paragraphes 19 et 20.

7) Prière à l'Esprit-Saint
Du Cardinal Mercier

■ 22° Ô Esprit-Saint, Âme de mon âme, je vous adore ; éclairez-moi, guidez-moi, fortifiez-moi, consolez-moi.

Dites-moi ce que je dois faire, donnez-moi vos ordres, je me consacre à Vous. Je vous promets de me soumettre à tout ce que vous désirez de moi, d'accepter tout ce que Vous permettez qui m'arrive ; faites-moi seulement connaître Votre très Sainte Volonté et donnez-moi la force d'y correspondre et de l'accomplir.

Ô bien-aimé Saint Esprit, Amour du Père et du Fils, je vous aime ! S'il vous plaît : éclairez-moi et donnez-moi vos sept dons. Amen

8) Peur et utilité
des Charismes

■ 23° Le 30 Novembre 2010, Monseigneur Boishu lorsqu'il était évêque responsable du Renouveau Charismatique m'écrivit :

« Oui, c'est vrai que beaucoup (des prêtres) ont peur des charismes, surtout de tout ce qui concerne guérison et délivrance. [...] Pour vous, ce qui est important, c'est de répondre à cet appel en obéissance à un père spirituel,… ».

■ 24° Un prêtre exorciste étranger me confirma que les charismes sont très utiles dans le ministère de l'exorcisme.

■ 25° Chère Béatrice, je remercie du fond du cœur Jésus
et Dieu le Père de t'avoir rencontré ce week-end. Je te remercie
de toute ta gentillesse et ton dévouement que tu m'as témoignés
durant ce week-end. Je prie intensément le Seigneur pour qu'Il
puisse t'ouvrir les portes et que tu puisses exercer ton ministère
si précieux pour sauver des âmes du désespoir et de situation
invivable parfois ! Merci. Union de prières.

■ 26° D'un prêtre ayant un charisme de guérison intérieure,
« Vous avez quelque chose que les hommes n'ont pas : la grâce
de la féminité, simplement avec une intuition certaine. Vous avez
un esprit de maternité spirituelle d'accouchement des âmes, unie
à Dieu dans la prière. Par votre grâce féminine, Dieu répond. Ne
vous laissez pas impressionner par le machisme séculier dans
l'Eglise. Soyez bien dans votre grâce ! Une âme irriguée par le
contact Trinitaire. Silence en vous, l'Esprit Saint prie en vous. »

■ 27° Un de mes intercesseurs que j'avais formés pour la mission
de libération, portait la Communion aux personnes malades
dans la Paroisse. En donnant l'Eucharistie, il s'aperçoit qu'un
Monsieur n'était pas bien. Il apprit de sa femme qu'il était très
violent et qu'il a fait plusieurs séjours en hôpital psychiatrique.
Aussi, il revient en informer le Curé de la paroisse. Et le prêtre
décide que nous y allions tous les trois le 5 février 2012 pour lui
faire une prière de libération et lui donner l'Onction des malades.
Etonnée, mais ravie de prier en équipe, la prière de libération
précédant le sacrement de l'Onction des Malades. Quelle grâce,
si tous les prêtres l'imitaient, les souffrants pourraient être
guéris ! Dans ce cas particulier, ne pouvant faire d'écoute, je
priais en langues auparavant pour demander au Seigneur ce que
je devais libérer. Le Seigneur m'inspira. Comme d'habitude, le
père Curé me laissa mener la prière de libération, j'avais donné
une croix au monsieur nommé L[8]. Il était calme et il a accepté de
la prendre dans ses mains. A la fin de ma prière de libération, je

____

[8] Je passe son prénom sous silence.

fus très surprise, car je me suis mise à transpirer à grosses gouttes, telles que des gouttes tomberont par terre, mes lunettes furent touchées, cela sortait de tout mon corps, de la tête en particulier, mais aussi dans le dos. Ces gouttes étaient grosses et débordaient, et je suis obligée de sortir de ma poche, un mouchoir ; je suis inondée, mes cheveux sont trempés, cela coulait sur mon pull, puis, par terre ! Cela a duré un certain temps, tel que j'ai donné une prière au père Curé, alors que je la dis habituellement, pour en profiter pour m'éponger ! Je n'avais jamais expérimenté cela.

Le père Curé a vu qu'il s'était passé quelque chose d'inédit, par cette attitude inhabituelle. Pendant que le prêtre récitait la fin de la prière de libération, je continuais à m'essuyer quand c'était gênant, sinon je laissais couler. Puis, nous avons récité le chapelet de la Miséricorde Divine et ce Monsieur L. reçut l'Onction des Malades. J'ai remarqué que **les mouvements saccadés de son bras s'étaient calmés** et il semblait dans la paix lorsque nous sommes partis. J'avais l'impression que le Seigneur était passé par moi pour me montrer qu'il était libéré, cela s'appelle un charisme de substitution. Le jour suivant, une Religieuse, ancienne infirmière en hôpital psychiatrique, m'a confié que mon analyse était juste ; le Seigneur avait purifié cet homme, l'avait libéré, et pour me montrer cette libération, était passé par mon corps, afin que je m'en rende compte. Elle ajouta comme **les gouttes de sueur et de sang que Jésus avait versées.** J'ai eu la certitude que l'on avait arraché une âme au démon, puisque j'avais eu une attaque dans la nuit, et mon portable s'était complètement bloqué. Elle a dû mettre un voile d'eau bénite dessus et prié pour qu'il remarche. Continuons de mettre toute notre confiance dans le Seigneur et en Notre Dame.

9) Charisme de Porter
des âmes dans le
passage de la mort.

■ 28° Lettre adressée à un prêtre d'une Communauté religieuse : depuis octobre 2014, le Seigneur m'a donné un charisme supplémentaire « porter des âmes dans le passage de la mort ». J'avais dû vous dire que Dom Amorth, Padre Fortea, les Pères Fanou, Dagnon, Hebga l'évoquent dans leurs livres parce qu'ils les ont rencontrées dans leurs ministères. Donc, j'en porte régulièrement. Et en général, je m'aperçois que j'en porte une à la Messe quand l'âme réagit sur mot précis ou sur une prière ou devant le Saint Sacrement. Dans la nuit du 23 janvier 2017, j'avais noté, sur la prière du prêtre Jacques Lolo (« prière de combat[9] contre les forces du mal »), l'âme a réagi sur « autorité ». J'ai pensé que j'avais une âme d'Eglise. Le soir, dans la prière d'exorcisme, elle a réagi sur « pasteur ». A ce mot, j'ai réfléchi que cela devait être un Evêque.

Le lendemain, dans l'après-midi devant le Saint Sacrement, je réfléchissais à ce que je portais dans le ventre, quand j'ai dit à voix haute (j'étais seule), j'y perds mon latin ! Et cette âme a encore réagi, je l'ai ressentie à gauche au niveau du ventre. Et la lumière s'est faite dans mon esprit. A voix haute, je l'ai interrogée en prononçant « Au Nom de Jésus, et au Nom de Marie, avec Saint Joseph et ton Ange Gardien, dis-moi ton nom ». La réponse a été claire : « Dominique[10] ». Je me suis rappelée que votre Fondateur s'appelait « Dominique ».

Quand je suis rentrée chez moi, de nouveau, j'ai interrogé l'âme de la façon que j'avais utilisée, quand je lui avais demandé son nom, l'âme m'a alors confié les raisons de son errance sur la terre que je ne peux révéler, puisque je suis tenue au secret d'écoute. Aussi, j'ai noté tout ce qu'elle m'avait raconté, afin de prier pour sa libération. Nous étions le 24 janvier 2017. Mais, je n'avais pas le temps de m'occuper d'elle et je l'ai faite patienter.

Le 4 février 2017, je suis allée me confesser avant une mission de libération. Et j'ai eu l'inspiration dans le Sacrement de Réconciliation de la nommer intérieurement et de recevoir ce sacrement aussi pour elle, ce dont elle m'a remerciée.

---

[9] Citée dans le deuxième livre « Si tu crois, tu verras la Gloire de Dieu pages 143 à 147. » aux Editions Croix du Salut.
[10] Le prénom a été modifié.

Le 8 février 2017, j'ai prié pour libérer tous ses esprits impurs liés à ses péchés. Je n'ai pas le pouvoir de pardonner les péchés, mais celui de libérer les esprits impurs liés aux péchés et je le confie à chaque fois aux âmes dans le passage dans la mort ou morts injustes ou violentes pour qui je prie. Je suis tenue au secret d'écoute comme le prêtre.

Mais elle (l'âme) m'a chargée d'une commission dont je m'acquitte « elle demande pardon à tous ses frères ». Je lui ai posé quelques questions. Nos agresseurs actuels, par dagydes interposées, nous avaient enterrés sous la maison d'une Sainte[11]. L'âme dans le passage de la mort a souligné « ma façon de me racheter, vous sauver la vie ». J'ai oublié de dire qu'une âme dans le passage de la mort voit et elle entend. Voici cette belle mission dont je suis chargée que le Seigneur m'a rappelée hier de ne pas tarder à vous l'annoncer.

Elle (cette âme) était prête à monter dans les Demeures Eternelles, dans la Lumière, « le Christ de Justice[12] », information issue de ma formation avec le livre[13] de Francis MacNutt. Ce fut une très belle prière. Et je suis ravie d'avoir pu la vivre. C'était la première fois que je portais un Evêque !

N'ayant regardé à Internet, qu'après cette prière, la date de son décès. Aussi, n'ai-je pas pensé à lui poser la question, si elle (l'âme) errait dans la Chapelle ou dans un Parloir. Ce que je peux dire, un vrai Chrétien a sur lui une lumière que nous ne voyons pas, mais que les personnes malveillantes voient. Mais, certainement les âmes errantes (ou âmes dans le passage de la mort ou âmes du Purgatoire ou âmes mortes, de mort injuste ou violente), cité par un prêtre, Docteur en Théologie qui m'avait laissée mener la prière de libération pour libérer une personne

---

[11] Nom passé sous silence.
[12] « là où le Christ de Justice[12] et de Miséricorde la destine »
[13] Francis MacNutt. La délivrance pour aujourd'hui. Guide pratique. 2008. © Editions Bénédictines. Page 250.

diagnostiquée schizophrène, doivent percevoir. Celui-là n'était pas jaloux de mes charismes !

10) Conversion
De l'âme
d'un sorcier

■ 29° Un sorcier mort qui m'habitait et introduit par représailles, la première âme errante pour qui j'ai priée. Des extraits : l'âme du sorcier mort qui m'habitait fin 2013 et en 2014, s'est manifesté au Sanctuaire de Rocamadour lorsqu'on nous a raconté que la cloche sonnait seule, sans intervention humaine, lors de naufrages de marins en mer. L'âme de ce marin a réagi tout de suite.[…]

Cet homme avait assassiné une personne, il réagissait sur certains mots comme Dieu des « martyrs » ! En effet, il avait été condamné au bagne à Cayenne, portant des fers aux jambes et aux pieds, que je ressentais dans ma chair, par le discernement direct des esprits, charisme infiniment précieux, reçu le 10 décembre 2012 pour la libération et le 8 septembre 2013 pour l'écoute, à la demande, cette deuxième fois, d'un autre prêtre, Docteur en Théologie, qui a prié en langues pour que l'Esprit de Vérité, me donne d'autres charismes et ce prêtre fut exaucé.

Il a fallu petit à petit le familiariser avec les Saintes Ecritures, l'amener à connaître Jésus, sa vie, sa Passion, sa Résurrection. Puisque je le portais en moi, il participait aux Sacrements que je recevais. […] L'âme dans le passage de la mort dans le corps humain vivant s'entend. Elle se situe plutôt à gauche dans le corps, au niveau du ventre. J'ai remarqué que les personnes atteintes **de bipolarité ou de schizophrénie** ont souvent en elles des âmes dans le passage de la mort.

En effet, on entend des voix, mais ce ne sont pas les nôtres si l'on sait être attentif. Un jour, rentrant dans une église où trône une belle statue de Jésus miséricordieux, je l'ai entendue distinctement dire « salut, roi des Juifs » ! Puis, un autre jour au moment de la Toussaint 2014, lors d'une écoute dans une Chapelle d'un témoignage sur la Confession, cette âme dans le passage de la mort demanda le Baptême. Enfin, elle me remercia de ce que j'avais fait pour elle. « Tu es bonne », me confia-t-elle. C'était la première fois qu'un sorcier mort me remerciait. Il faut savoir qu'un sorcier fait le sacrifice de son corps, de son âme et de son esprit à l'Ennemi de nos âmes.

■ 30° Un jour en novembre 2017, une sorcière qu'on avait essayé, un prêtre et moi, de convertir et d'essayer de décider à recevoir des prières de libération, nous a dit « si le prêtre et moi, nous travaillons et prions ensemble, nous serions très dangereux pour tous ceux qui ont des choses à cacher. » C'est la mode dans l'Eglise Catholique de mettre des esprits démoniaques à ceux ou à celles qui dérangent. On a tout fait pour m'arrêter, le prêtre aussi et on lui a introduit des esprits démoniaques pour qu'il ne puisse se libérer et il a fait **une crise démoniaque** que l'on a confondue avec **un délire psychiatrique** (ils n'avaient pas lu la thèse de Doctorat en Théologie du Père Jean-Baptiste Golfier[14] de l'Abbaye de Lagrasse qui l'évoque, page 11 !) et on l'a expédié **à l'hôpital psychiatrique**, alors qu'il aurait eu besoin d'une prière de libération. Un de mis à l'écart avec un aller direct sans retour pour le Royaume des Cieux (puisqu'avisée par l'Esprit de Vérité, j'ai dû prier en urgence une prière de résurrection). Quant à moi avec deux autres dames, je fus mise à la porte, sans avoir le droit d'aller à la Messe. Ils devaient savoir qu'elle n'était pas valide, puisque les Ordinations des prêtres sont invalides depuis le Concile[15] Vatican II.

---

[14] "Ainsi, une démythification rationaliste conduit à considérer, dans l'Eglise même, les attaques diaboliques comme des délires psychiatriques".

[15] Cité dans le neuvième livre « L'abus rituel à l'aune de la Papauté », aux Editions Croix du Salut.

[16] Le 20 avril 1999. Publication et photocopies autorisées. Un théologien. Extrait du livre « Retire-toi, Satan » – année 2004. Edition Leparex – 405-195 Côte Sainte Catherine – Outrement – Québec – CANADA H2V 2B1 – tel/fax : (514) 270-7441

11) « Avant que
la possession[16]
ne soit discernée.

■ 30°a) « le démon provoque souvent des troubles physiques et psychiques, pour lesquels les traitements et les médicaments s'avèrent le plus souvent inefficaces. Parmi les maux physiques, on constate que ce sont souvent la tête et l'estomac qui en sont le plus affecté. » Même l'évêque, **issu d'une Communauté nouvelle**, ne connaissait pas ! Il m'avait menacée d'un procès canonique, si je continuais à aider ce pauvre prêtre qui me l'avait demandé. C'est de la méchanceté, de l'abus de pouvoir et de la non-assistance à personne en danger !

■ 30°b) « La mentalité qui prévaut généralement dans l'Eglise et notamment chez les membres de la hiérarchie, c'est de consulter les psychologues pour détecter une éventuelle possession diabolique. Cependant, il faut affirmer que les psychologues, de quelques disciplines qu'ils soient, n'ont habituellement pas la capacité et les aptitudes requises pour faire un tel discernement, d'autant plus qu'il existe une variété de possessions diaboliques qui comportent des différences appréciables quant à leur gravité et à leurs symptômes[17]. »

■ 30°c) **L'Eglise a une grande ignorance dans ce domaine et certaines autorités confondent les attaques diaboliques avec les délires psychiatriques**. J'ai essayé d'en informer certaines, mais elles ne veulent pas comprendre. Et ceux qui vivront cela, Clercs ou Laïcs, seront considérés et catalogués à jamais avec l'étiquette de « **fragiles** » et ils seront soignés avec des médicaments dangereux pour leur santé et inefficaces ! »

■ 31° « Parmi les influences[18] diaboliques secondaires, on peut mentionner plusieurs anomalies psychiques, comme l'imperméabilité à l'égard des valeurs divines, l'aversion du sacré, le doute religieux, l'incapacité d'éprouver une vraie

---

[17] Ibid.
[18]Ibid.

contrition du péché, l'impossibilité de se concentrer pour la prière et pour la lecture de l'Ecriture Sainte, l'angoisse, l'irritabilité, l'agressivité, le blasphème, l'alcoolisme, l'immoralité, la kleptomanie, le tabagisme, la toxicomanie… Devant cette diversité des influences diaboliques, que peut bien faire le psychologue ? »

■ 31°a) « D'après les paroles mêmes de Jésus conférant à tous les croyants le pouvoir de chasser les démons (Marc, 16, 17), selon les enseignements communs des Pères de l'Eglise et des théologiens, il ressort très clairement que les LAÏCS peuvent faire des exorcismes PRIVES, sans doute avec la prudence et la discrétion qui s'imposent !... Ce pouvoir octroyé à tous les CROYANTS conserve toute sa valeur de légitimité et toutes les interdictions ne peuvent être qu'abusives et invalides !... C'est un pouvoir fondé sur la foi et la prière. (…) Cette fonction établie par le Christ est imprescriptible et elle jouit de la pérennité[19] !... »

■ 32° Ayant appris par la Presse que l'Abbé Pierre avait commis pendant son ministère des viols, des abus sexuels. J'ai demandé à Notre Seigneur, si jeune, il n'aurait pas été violé dans son enfance et j'ai appris qu'il avait écrit une lettre, que la Presse vient de trouver dans les Archives de l'Eglise. Merci Seigneur. Alors, je me pose des questions. Cet enfant Henri avait subi un viol, « pendant deux mois, sous la menace d'un pistolet » et l'école catholique n'a rien fait ; ce n'était pas le problème de l'Evêque, on le qualifiait de « grand malade ». ! C'est l'Eglise Catholique qui est une grande malade. Elle ne sait donc pas qu'il faut **chasser les esprits démoniaques**[20]. Les liens maléfiques résistant aux Sacrements, son ordination de prêtre était invalide.

---

[19] Le 20 avril 1999. Publication et photocopies autorisées. Un théologien. Extrait du Livre « Retire-toi, Satan ». Un théologien. Année 2004 - Edition Leparex – 405-195 Côte Sainte Catherine – Outrement – Québec – CANADA H2V 2B1 – tel/fax : (514) 270-7441
[20] Lire mon site à l'article 71.

Et on envoie **ce prêtre dans une clinique psychiatrique**, avec tous les médicaments liés à son cas !

Au Nom de Jésus, et au Nom de l'Eglise Catholique mondiale, je demande pardon d'abord à cet enfant Henri Grouès qui n'a été ni libéré, ni guéri, après le viol qu'il a subi enfant, parce que l'Eglise ne forme, ni ses prêtres, ni ses Responsables à ce beau service de libération et de guérison.

Ensuite, au Nom de Jésus, et au Nom de l'Eglise Catholique mondiale fausse depuis la fausse élection du Pape Paul VI et suivants, qui laisse les victimes de viol à l'abandon, et au Nom de l'Abbé Pierre, je leur demande pardon pour le mal qu'on vous a fait et que personne ne vous ait proposé la prière de libération et de guérison pour être totalement libérés et guéris par Jésus-Christ, Vrai Dieu et Vrai Homme.

On préconise des mauvaises thérapies, les victimes vont voir un psychiatre, mais les esprits démoniaques ne sont pas chassés. Un enfant ou un adulte violé a en lui des esprits impurs, tels que l'esprit de viol, l'esprit de pédophilie, l'esprit d'impureté…, des malédictions, des liens d'âme entre l'abuseur et l'abusé et les liens maléfiques liés à son histoire générationnelle... Une prière de guérison intérieure est essentielle.

Prions pour que toutes les victimes soient rapidement, libérées et guéries. Viens Seigneur Jésus les sauver, cicatriser leurs blessures et rebâtir ces personnes.

■ 32°a) « Nous sommes dans une Fausse Eglise depuis le Conclave de 1958 ». Paul VI a fait réaliser une double messe noire qui est un maléfice durable, vous êtes tous liés, Conciliaires, comme la Tradition. Sauf si un prêtre exorciste fiable l'a brisée. Ou un Laïc qui a un charisme de libération. Donc, depuis le 29 juin 1963, date de la double messe noire, constat d'une Fausse Eglise, d'Anti-papes, de Faux-pape, de Faux cardinaux, de Faux évêques, et de Faux prêtres. Et les sacrements sont invalides. Devant Dieu, vous ne pourrez pas dire que vous ne saviez pas ! Vous n'avez pas cinquante choix maintenant. Isaïe 1,

17. Apprenez à faire le bien. Choisissez la vérité, Ou le mensonge. Et pensez à votre Vie Eternelle. «Jésus est le Chemin, la Vérité et la Vie» Jn 14, 6.

12) Un prêtre exorciste
qui me conseillait

m'avait demandé de stopper ces prières de libération d'esprits humains vivants ou morts. ■ 33° Une accueillie N.[21] avait écrit à ce prêtre exorciste, parce qu'elle avait en elle un esprit humain mort, mais aussi un esprit humain vivant. Mais comme le prêtre exorciste qui me conseillait, ne connaissait pas, il m'avait demandé de stopper, en juillet 2013, ces prières de libération d'esprits humains vivants ou morts. N. est fille de médecin, toutes les analyses médicales ont été faites, elle n'a rien médicalement et elle a vu deux prêtres exorcistes qui n'ont rien trouvé.

■ 33°a) Voici la réponse du prêtre exorciste qui me conseillait :
« Je connais Béatrice, je suis extrêmement réticent sur ces histoires d'esprits humains qui squattent les personnes. Car on n'en a pas l'attestation dans la tradition des exorcismes, (mais je suis loin de tout connaître), et ce renseignement a été obtenu uniquement par motion charismatique. Par ailleurs, les raisons avancées pour ce type d'explication me semblent reposer sur des bases peu claires pour l'instant. Il est possible que ce soit elle qui ait raison ; mais cela supposerait vraiment des concertations entre exorcistes, notamment avec les Africains, qui n'existent pas actuellement. Ainsi que des travaux théologiques clarifiant la question. Je ne sais donc pas quoi faire pour vous aider. » Je n'avais pas le droit de laisser souffrir une personne sous emprise, alors, j'ai cherché à Internet un prêtre exorciste qui pouvait m'aider.

■ 33°b) J'ai contacté par mail le Padre Fortea, exorciste espagnol et démonologue de renommée internationale le 8 juillet 2013, qui

---

[21] Initiale modifiée.

m'a répondu très rapidement et aimablement en anglais ! « Oui, j'ai prié pour ces cas. La solution est la prière, juste la prière et le jeûne… » Il a écrit un livre « le problème des âmes errantes » approche catholique d'un prêtre exorciste. Aussi, j'ai contacté par téléphone le P. Pamphile Fanou, exorciste africain qui m'a confortée dans mes connaissances. Le P. Meinrad Hebga, exorciste de renommée mondiale, a écrit des livres, et avec l'aide du Seigneur, j'ai bâti des prières de libération sur ces sujets, **prières qui ont fait leurs preuves**. L'Esprit de Vérité, permit que je rencontra un prêtre français qui connaissait le sujet des vivants qui sortaient en esprit de leur cerveau et il trouva absurde cette interdiction de prier et il me redonna aussitôt l'autorisation de prier, en présence de l'abbé René Bourdallé-Dufau qui m'accompagnait dans la prière.

■ 33°c) Tous ceux qui font partie de la secte anti-chrétienne savent sortir en esprit de leur cerveau. Un sorcier converti a écrit un document qui m'avait été offert et le Père Jean-Baptiste de l'Abbaye de Lagrasse en a bénéficié et il l'a cité dans son livre, lire mes publications. Bien sûr que tous les sorciers savent le faire et certains sont rentrés en France ! En 2013, j'ai prié pour l'épouse d'un homme d'une secte anti-chrétienne et elle ne l'a révélé qu'à la deuxième prière ! Malgré tout, j'ai décidé de continuer. Au cours d'une Messe, j'ai reçu que cet homme m'avait introduit un animal par sorcellerie, ainsi que son esprit humain. Ainsi, ai-je appris à chasser l'esprit humain vivant d'une personne adhérente à une secte mauvaise ou une confrérie. **Et avec l'aide du Seigneur et de la Vierge Marie**, j'ai bâti une prière. La veille de cette prière, je réfléchissais à haute voix pourquoi j'avais cet animal dans ma tête, j'ai entendu « pour me venger » ! Et j'ai usé des sacramentaux et j'ai prié beaucoup et repris les prières conseillées par le P. Pamphile Fanou. Les prêtres exorcistes français, à cette époque, ne connaissaient pas la prière pour sortir un animal d'un corps humain vivant et des prêtres exorcistes ont refusé de m'aider ! Et l'on ne m'a pas crue qu'on pouvait mettre un animal dans un corps, alors qu'en 2003, tous les prêtres exorcistes avaient été avisés par l'association[22] internationale des prêtres exorcistes que l'on pouvait mettre un animal dans un corps humain. Alors, je rinçais mes cheveux à l'eau bénite et je calmais les picotements avec de l'huile bénie. Je fus un cas d'école. Mais la compassion est souvent absente des services d'exorcisme. L'aumônier était aussi touché, mais moins fortement que moi. Il faut dire que la prière de libération que j'avais faite pour cette dame était très forte. Et ce monsieur malveillant n'avait pas apprécié !

■ 34° D'un prêtre qui a un charisme de guérison intérieure :
« Vous avez quelque chose que les hommes n'ont pas, la grâce de la féminité, simplement avec une intuition certaine. Vous avez un esprit de maternité spirituelle d'accouchement des âmes, unie à Dieu dans la prière. Par votre grâce féminine, Dieu répond. Ne vous laissez pas impressionner par le machisme séculier dans l'Eglise. Soyez bien dans votre grâce ! Une âme irriguée par le contact Trinitaire. Silence en vous, l'Esprit Saint prie en vous. »

Grâce au charisme du discernement direct des esprits, il est bon de prier en langues pour savoir si la souffrance de la personne accueillie relève de la psychiatrie ou de la démonologie. En effet, Notre Seigneur peut faire des miracles dans ces cas précis.

---

[22] 2003 - International Association for Delivrance ou I.A.D.

4 - PSYCHIATRIE ET/OU DEMONOLOGIE

■ 35° « Dans le cas de maladies de longue durée[23]... ».

13) Les personnes atteintes de bipolarité et de schizophrénie ont parfois en elles des âmes dans le passage de la mort. C'est le ou la charismatique ayant un charisme de libération (ou prêtre exorciste) qui peuvent faire sortir l'âme errante d'un corps humain vivant. L'exorcisme n'est pas utile. […] Le soir, je menais la prière et j'avais des intercesseurs Religieux pour le chant et le soutien dans la prière. Il faisait un peu froid ; aussi, n'avais-je pas pensé à ôter mon pull avant de commencer. Ne pouvant m'en débarrasser pendant la prière de libération, afin de garder les yeux fixés sur la « patiente », je remontais mes manches au maximum, sans lâcher ma croix de St Benoît et je me suis aperçue avec bonheur que la fatigue de mes bras avait complètement disparu, le Seigneur m'avait remise en pleine forme. Dieu m'avait redonné l'équipement du combattant, c'est-à-dire la force pour mener à bien cette prière de libération. Et la personne fut libérée et **guérie d'une bipolarité**. Son mari était tout joyeux de retrouver son épouse guérie le jour de la St Nicolas, me témoigna-t-il par sms. La bipolarité et la schizophrénie sont inguérissables par la médecine.

■ *36°* Depuis **cinquante ans**, cette dame avait mal à l'estomac. Elle avait consulté des médecins qui n'avaient rien décelé d'anormal, puis rencontré le Prêtre exorciste de son diocèse qui avait confirmé qu'il n'y avait pas d'envoûtement et elle avait vu

---

[23] Guide de la guérison de l'arbre généalogique du Dr Kenneth McAll. Nouvelle édition. Editions Bénédictines 1999 - 2006. ISBN 2-84863-039-6 Syndrome de possession (et péché). Page 362. Et dans mon quatrième livre à la page 118.

une guérisseuse ! Précisons qu'il ne faut pas consulter une guérisseuse qui agit avec la magie blanche ! Cette personne avait passé plusieurs coloscopies, médicalement, c'était inexplicable ! Elle n'a pu me rejoindre chez moi avec son mari, parce qu'elle avait subitement des problèmes digestifs. Avec le Prêtre âgé qui m'accompagnait, nous les avons retrouvés à leur chambre d'hôtel. Le Prêtre a béni la chambre pour éviter tout problème. Et en interrogeant, au Nom de Jésus, **l'âme défunte qui la squattait**, j'ai pu savoir que c'était un membre de sa famille. Membre qui avait été accusé à tort d'un meurtre qu'il n'avait pas commis.

■ 36°a) L'âme d'un membre de sa famille mort en révolte contre Dieu et par suicide l'habitait ! L'âme n'avait pas envie de la libérer (elle se situait au niveau du nombril). J'ai dû mettre une relique de Ste Faustine et ma croix de St Benoît pour l'obliger à partir et intensifier la prière de libération. Il est important de citer la Parole de Dieu pour libérer ces âmes dans le passage de la mort. Et libérer aussi tous les esprits impurs du défunt.

■ 36°b) Un autre défunt, esclave de son vivant, était mort enchaîné avec des fers aux pieds. Par le charisme du discernement direct des esprits, je ressentais dans ma chair les chaînes et les fers aux pieds. Il avait habité la mère de la personne pour qui nous prions ; et quand cette femme fut décédée, sa fille ressentit les mêmes pathologies que la défunte, elle alla vite consulter un Prêtre exorciste avec qui j'ai prié.

■ 36°c) Et je m'appuie sur le livre « Nouveaux récits d'un exorciste[24] » de Dom Amorth : « Je ne fais qu'évoquer [...] un problème [...] : celui des présences. C'est ainsi qu'on appelle **la**

---

[24] Dom Gabriele Amorth. Nouveaux récits d'un exorciste. Présentation du Père René Laurentin. 1993. ©Editions F.X. de Guibert, 27, rue de l'Abbé Grégoire, 75006 Paris. Page 159. Droit de courte citation.

possibilité pour une personne d'avoir présente en elle des âmes de défunts : damnés, personnes décédées de mort violente ou subite, ancêtres ou personnes étrangères à sa propre famille. [...] » Avec mes remerciements pour ce prêtre, Docteur en Théologie, de sa confiance puisqu'il m'a laissée mener la prière pendant trois heures pour libérer **une personne diagnostiquée schizophrène de plusieurs âmes dans le passage de la mort**. Quand j'ai découvert ce sujet d'âmes dans le passage de la mort, que j'appelais au début « esprits humains défunts », le Prêtre exorciste accompagnateur m'avait demandé de poser quelques questions à ce Docteur en Théologie pour approfondir le sujet : « Pourquoi ces esprits humains défunts étaient-ils là ? Par quelle magie, quel moyen ? Y a-t-il une trace dans la Bible ou dans la Tradition, dans la Révélation, que l'esprit humain puisse demeurer sur la terre après la mort ? Qui plus est dans un vivant? Pourquoi dites-vous que ce n'étaient pas des démons ? Qu'est-ce qui le prouve ? »

■ 36°d) Réponse du prêtre français, Docteur en Théologie, qui avait prié avec moi et l'Abbé René Bourdallé-Dufau pour la libération de ces âmes dans le passage de la mort : « Il y a des milliards d'interventions du Ciel sans qu'on ait à dire qu'ils « demeurent sur la terre ». Ces voix ne « demeurent » pas « sur la terre ». Il y a des milliards d'exemples d'interventions de personnes du Ciel ou du Purgatoire parmi nous qui sommes sur la terre. Des milliards d'exemples de locutions intérieures. cf. Jn de la Croix, Montée du Carmel ; ch. 26. Un des critères de distinction entre bonne ou mauvaise locution : accompagné d'humilité ou d'orgueil. Que ce n'étaient pas des voix de démons ou d'âmes infernales (sauf une), (le mari et le père qui avait tué toute la famille) – (et l'épouse et la mère de la fille enceinte d'un bébé tués, m'a remerciée tout au long de cette prière par sa fille, qui était en face de moi) c'est leur vie sur terre bonne (ou mauvaise pour la mauvaise âme) et le contenu de leurs interventions, bonnes (ou mauvaises).

Et j'atteste cela (écrit-il) [...] Pour compliquer, il y a peut-être aussi le cas de la personne « dans le passage de la mort...». Je lui demandais quelle était la meilleure dénomination pour ces âmes? Ames défuntes ou errantes ? Ou âmes égarées ? Ou âmes dans le passage de la mort ? Il me répondit « les morts injustes et violentes » « Il me recommandait de lire le deuxième livre[25] de Dom Amorth.

■ 36°e) Du livre « Sorcellerie et Prière de délivrance » du Père Meinrad P.Hebga[26], **prêtre exorciste de renommée mondiale** :
« Deuxième type : [...] A la page 110, les possesseurs de [...] sont [...] des âmes du Purgatoire. Il ne faut pas les traiter comme des démons [...] Tout ceci est troublant, mais nous avons beaucoup à apprendre sur la vie de l'au-delà [...] »

■ 36°f) Libération d'âmes dans le passage de la mort ou âmes errantes ou morts « liés » ou âmes des défunts. (D'après les Pères Meinrad Hebga, Dom Amorth, Padre Fortea, P. Dagnon, P. Fanou, Mgr Tournyol du Clos). Et moi aussi. Parfois, ces âmes peuvent avoir vécu des sévices importants de leur vivant et leur souffrance fut tellement atroce qu'elles craignent de monter vers le Seigneur qu'elles ne connaissent pas et dont elles ont peur et certaines se rendent compte aussi qu'elles **ne sont pas dignes de l'Amour Pur de Dieu**, cité par une âme errante libérée, même lorsque leurs esprits impurs sont libérés. Beaucoup d'amour, de compassion et de patience nous sont donnés pour conduire ces âmes à Jésus qui vivent sur la terre un temps de purification plus ou moins long, puisqu'elles peuvent descendre de génération en génération dans le corps d'un vivant, particulièrement des

---

[25] Nouveaux récits d'un exorciste (Ed OEIL ou FX de Guibert) paragr.4, pages 159 à 161.

[26] P.Meinrad Hebga a écrit « Sorcellerie et Prière de délivrance ». Réflexion sur une expérience. Seconde édition. 1982. Présence Africaine. Page, 110. Droit de courte citation.

femmes. Et Marie, Notre Mère, à sa suite, nous encourage à recevoir des entrailles de miséricorde pour les aider. Très souvent, on se rend compte que des âmes errent proches d'endroits théâtres de combats sanglants. Je ne les vois pas, mais je les entends. L'une d'elles faisant partie d'âmes de résistants tués par des nazis, dans une ferme, m'avait demandé de prier pour eux. J'ai entendu « prie pour nous ». Ou dans une maison, sur un grand escalier, j'avais eu la vision d'une trentaine d'âmes errantes habillées de noir, en Vendée et aussi dans un jardin dans une Communauté. En Pologne, les immeubles furent construits sur de nombreuses âmes errantes. Et je fus très surprise de les entendre gémir et j'ai prié avec un prêtre pour les libérer.

■ 36°g) Les merveilles de Dieu ne sont pas à mettre sous le boisseau. Le 30 novembre 2017, nous avons dû arriver dans le gîte vers 13h, le temps de vider ma voiture et de ranger, préparer le repas et le partager. Vers 15h plus ou moins, nous étions attablées dans la cuisine à siroter le café, quand l'une de nous a souligné « je peux dire un grand merci au Père A[27] ». A ce moment-là, une réaction importante s'est fait sentir dans mon ventre, côté gauche, là où se placent les âmes dans le passage de la mort que je porte régulièrement pour qu'elles montent dans les demeures éternelles. Je fus très surprise, je ne m'attendais pas à cela. Et j'ai eu un instant d'hésitation, de doute et j'ai répété à haute voix, distinctement la phrase de mon amie, l'âme du Père a continué à se manifester. Puis, cette insistance m'a fait comprendre que l'âme du P.A. était en danger et j'ai compris qu'il fallait que je prie rapidement. D'habitude, je prends volontiers quelques instants pour me préparer et prier l'Esprit Saint pour qu'Il m'inspire. Je n'en ai pas eu le temps, l'âme s'est encore manifestée et elle m'a confié « c'est urgent, dépêche-toi ». J'ai saisi mon sac, sorti ma prière de protection, ma croix de St Benoit, mon livre de prières, un cahier pour noter ce que je

---

[27] Initiale modifiée.

recevais, j'ai appelé à l'aide mes amies pour avoir du soutien dans la prière et j'ai commencé. Grâce à Dieu, j'ai noté les éléments importants de la prière que je recevais et que j'ai brisés. Le terrain était déblayé si je peux dire, quand le Seigneur m'a inspirée « que j'étais face à un envoûtement par kon[28] », et cela se corse, c'est une course contre la montre ! J'ai reçu la permission d'absoudre cette âme de ses péchés pour que l'Ennemi n'ait plus de prise sur elle, (« si vos péchés sont comme l'écarlate, ils deviendront blancs comme la neige », Isaïe 1, 18). J'ai sorti ma fiche de libération sur ce sujet que j'avais déjà travaillé deux fois, mais pas au point de cette situation inédite. Il me fallait les textes bibliques de résurrection que je n'avais plus en mémoire, ni recopiés dans ma Bible. J'ai chargé mon amie de s'en occuper pendant que je continuais à couper des liens, et j'ai continué d'appeler le Ciel à l'aide et dans la Communion des Saints, le P. M. Hebga qui a développé ce sujet dans un de ses livres. Ce prêtre exorciste mondialement connu, écrit que les doubles[29] [...]. C'est « la subtilisation frauduleuse du double de la victime ». Dans son livre, il ne donne pas de prière. Prières que j'ai bâties avec l'aide du Seigneur avec ses explications, bien difficiles à comprendre pour une européenne. « Les envoûtés du kon[30] sont menacés de passer de vie à trépas[31], [...]. » C'est ce que j'ai fait, comme l'âme du père A. était dans mon être, j'ai ordonné à son âme en lui demandant pardon pour le mal que l'on lui avait fait de retourner dans son corps en lui disant « lève-toi et marche »

---

[28] Cité dans ses livres par le P.Meinrad Hebga, prêtre exorciste de renommée mondiale.

[29] Du P. M. Hebga : « Les doubles sont enchaînés ou subtilisés. Les sorciers sont capables de vous diminuer mentalement en enchaînant votre âme ou le double, voire le subtiliser complètement en vous infligeant une mort apparente, par l'absorption de tétrodoxine… et elle entraîne une telle chute du métabolisme que la personne passe pour morte, ce qui leur permet de vous faire travailler pour eux dans le monde de la nuit. »

[30] Ibid. Droit de courte citation. Du P. M. Hebga.

[31] Cité par le P. M. Hebga : « il est bon d'organiser une liturgie avec lecture de textes célébrant la guérison ou même la résurrection ».

et j'ai dû citer le texte de Jean[32] 11, 17, 44. Mais je n'en suis pas sûre, n'ayant pas noté les textes que j'ai utilisés. (C'était la troisième fois que j'ordonnais à une âme de retourner dans son corps !). Puis, deux heures plus tard, j'ai entendu l'Ennemi me dire « je l'aurai et toi aussi ». Ainsi, j'ai eu la confirmation que le P. A. était sauvé. Ce fut une grande joie.

■ 36°h) L'âme de « Mgr » Lefebvre de la Tradition a conclu «tes prières font du bien aux âmes du Purgatoire. » En effet, je me suis engagée à prier pour elles, chaque soir. ('Mgr' Marcel Lefebvre n'étant ni prêtre, ni évêque à cause de celui qui l'a ordonné, l'évêque Achille Liénart, qui faisait partie d'une secte anti-chrétienne, (comme mgr Bugnini, comme l'anti-pape Paul VI, comme mgr Brincard) puisque les liens maléfiques résistent aux Sacrements.) Tous les Sacrements de tous les prêtres que cet Evêque Liénart a ordonnés sont invalides, ainsi que les Sacrements donnés aux Laïcs, idem pour « mgr » Lefebvre.

14) L'avis d'un prêtre
Médecin et
Psychiatre

■ 37° J'avais envoyé un émail au sujet des voix entendues d'esprits humains vivants, ou d'âmes errantes, ou d'âmes damnées, ou de génies, ou de loas, ou de démons à un Prêtre, Responsable et qui est aussi Médecin et Psychiatre.
Voici sa réponse :
« J'avais une collaboration avec un prêtre exorciste pour bien voir s'il s'agissait d'une maladie psychiatrique ou d'une possession. C'est vrai, de temps en temps, c'est bien difficile de voir la différence, mais selon moi, on doit être très prudent de faire un diagnostic. **Les exemples que vous donnez et les récits me semblent très sérieux** »

---

[32] Dans son livre, le P. Hebga donne les références de Jn 11, 17, 44, Lc 7, 11-17, Lc 8, 49-56.

■ 37°a) « 1er exemple » :
En 2014, postérieurement au 15 août, lettre d'une jeune fille de 14 ans : je m'appelle Aurélie , je désirais vous faire part de l'aide que m'a apportée Béatrice et Monsieur l'Abbé. J'ai connu un jour un garçon qui n'était pas Français […]. Je l'ai quitté plus tard, je me suis mise avec quelqu'un d'autre. Mon ex, par jalousie, m'a squattée, (il m'a envoyé des démons). J'étais prise régulièrement de crises, je voyais parfois des âmes maléfiques, avec la sensation que l'on m'étranglait. Lorsque Monsieur l'Abbé me posa la croix sur la tête, je ressentais une forte chaleur. Béatrice ressentait également le mal que j'avais en moi. Au bout de trois ou quatre visites de leur part, ils ont réussi à me libérer […]. L'autrice rajoute : Aurélie a été aussi libérée du Jeune qui voulait la tuer, en tant qu'«esprit humain vivant» à l'intérieur du corps d'Aurélie. Il n'a pas voulu m'obéir parce que j'étais une femme, ni au Prêtre exorciste et j'ai dû souffler au Père de famille la prière de libération, sinon cette jeune fille de 14 ans serait morte sous nos yeux ! Mais elle ne cautionne pas cette vie dissolue de relations sexuelles à 14 ans.

■ 37°b) « 2ème exemple » : Une autre jeune fille
après avoir vu un mauvais film était squattée par une âme damnée qui lui disait « t'es bête », plusieurs fois par jour, alors que c'est une brillante élève.
Le médecin a eu l'honnêteté de dire qu'il n'avait jamais vu un cas pareil. Heureusement, la famille me connaissait et dès que j'ai cité une prière de la Vierge Marie, l'âme damnée s'est manifestée et je l'ai chassée au Nom de Jésus !

■ 37°c) « 3ème exemple » : Une autre personne,
on lui avait introduit par représailles **l'âme d'un sorcier mort** (déjà lu) et il lui disait « va tuer cette femme ». Elle ne l'a pas fait et a réussi à sauver cette âme au Nom de Jésus et cette âme de ce

sorcier mort lui a dit « tu es bonne » et cette âme défunte s'est convertie.

■ 37°d) Mes explications : vous venez de lire cette histoire au paragraphe 29°. Le sorcier mort s'est manifesté au sanctuaire de Rocamadour … Dans ma prière, il réagissait sur certains mots comme Dieu des « martyrs » ! Je ressentais dans ma chair ces fers par le charisme du discernement direct des esprits…. Les **personnes atteintes de bipolarité et de schizophrénie** ont souvent en elles des âmes dans le passage de la mort…

■ 37°e) Physiquement : la personne a mal à l'estomac, au nombril pour être précis et elle a une douleur au sternum, peut-être au dos aussi. Il faut remettre l'âme dans le passage de la mort[33] …Pour permettre à ces âmes dans le passage de la mort de monter vers Jésus, il est indispensable de les libérer de tous leurs esprits impurs liés aux péchés graves qu'ils ont commis de leur vivant ; si c'est un sorcier, il faut couper le sacrifice de son âme faite à Satan.

■ 37°f) « 4ème exemple » : D'une souffrante […] Voici son témoignage : Premier trimestre 2014 : un résumé de l'histoire de Muriel[34] victime de 34 ans, catholique : je suis une jeune femme de 34 ans. A 15 ans, ma vie a basculé. J'étais alors stagiaire […] avec un patron autoritaire qui nous harcelait psychologiquement et nous poussait à bout dans le travail. Après une année à subir tout cela, je n'avais plus de force et je me sentais vidée : plus de goût à rien, n'aimant plus ce monde ! Les ennuis physiques ont commencé. J'avais de drôles sensations dans mon corps. L'impression que mon ventre était comprimé et m'empêchait de respirer, de manger aussi ! Je maigrissais, je n'arrivais plus à

---

[33] « à la Justice et à la Miséricorde de Dieu, sans se poser des questions théologales », comme je l'ai lu dans mon livre de cours « Un guide pour la délivrance » de Francis MacNutt, Editions Bénédictines, préfacé par ma formatrice.
[34] Le prénom a été modifié.

manger car manger me fatiguait et me causait des malaises qui ressemblaient à des chutes de tension. J'avais fait toute une batterie d'examens et d'analyses à l'hôpital qui a conclu à un problème psychologique. Plus les années passaient, plus mes crises avec une sensation de brûlures réelles de l'intestin s'intensifiaient, tant au niveau des douleurs que de la fréquence. A cette époque, j'ai tout essayé : magnétiseurs, rebouteux, ostéopathe, naturopathe. J'ai refait des analyses par la médecine traditionnelle : coloscopies, endoscopies, analyses sanguines etc. Toujours rien ! Pourtant, mes sensations étaient bien réelles car je faisais des malaises vagaux à répétition sans explication pour la médecine…jusqu'à être licenciée… car je n'arrivais plus à tenir debout. Il m'arrivait parfois d'aller travailler la journée avec une seule pomme dans le ventre car il y avait comme un nœud dans mon corps qui m'empêchait de me nourrir. J'avais tellement mal aux intestins que ne rien manger me soulageait. J'ai fini par trouver une ébauche d'explication par une naturopathe, avec une analyse d'allergies alimentaires, (trois pages d'aliments !) que mon corps ne supportait plus ! **Diagnostiquée maladie inflammatoire auto immune** ! Pour résumer, mon corps s'était mis en mode autodestruction ! Après tous les traitements de la naturopathe, pas de réelle amélioration ! Je criais à DIEU de m'aider car c'était invivable. C'était un enfer sur terre ! Non seulement, c'était dur physiquement, mais aussi mentalement car vous vous retrouvez au final toute seule car personne ne vous croit et la médecine vous dit que c'est dans votre tête !!! J'ai toujours senti au fond de mon cœur qu'il y avait autre chose là-dessous…Et j'ai toujours parlé avec Jésus depuis que je suis petite, je sais qu'Il m'a toujours protégée. Et j'ai confiance que s'Il a permis de telles épreuves…, c'est qu'il y avait certainement une bonne raison ! Un soir, j'ai vraiment crié à Notre Papa du Ciel que je n'en pouvais plus de tout ça et que j'avais besoin de connaître la vérité, car Il a dit que la Vérité nous libèrerait.

Le lendemain, je rencontre Béatrice après la messe, nous commençons à parler. Intérieurement je demande à Jésus :

« qu'est-ce que je fais, dois-je prendre rendez-vous » ? En mon cœur, la réponse était OUI. Nous avons donc commencé par beaucoup parler, elle a pris le temps pour tout écouter. Ensuite, j'ai demandé au prêtre qui me suit sur ma paroisse, le père A. [...], de venir pour prier, ainsi qu'un ami de confiance qui organise des soirées de louange. Comme à l'habitude, lors de prières, mon corps a réagi, surtout mon ventre. Il bouge tout seul et je ressens une agitation dans mon corps. D'après Béatrice, j'avais un esprit humain vivant en moi. Je vous avoue qu'au début, je restais perplexe !!! Mais je restais dans la confiance dans le Seigneur car Il a dit quand plusieurs sont réunis en mon Nom : « Je suis au milieu d'eux ». Donc, Jésus était présent : je n'avais aucune raison d'avoir peur. Après plusieurs prières, j'entendais en moi cet esprit, il me disait qu'« il ne voulait pas partir ». Nous avons donc intensifié nos prières demandant à l'Esprit Saint de nous éclairer ainsi qu'à la Vierge Marie et tous les Saints du Ciel. Suppliant Dieu et Jésus, j'ai alors reçu en mon cœur cette phrase: "c'est par Marie qu'il partira ! » Nous avons donc prié Marie. Ce qui suit est magnifique car je l'ai vécu de l'intérieur. Plus nous priions et plus cet esprit qui était en moi devenait petit, jusqu'à s'écrouler en moi en pleurant et en me demandant pardon, ainsi qu'à l'équipe ! L'esprit humain de cet homme avoua être ce fameux maître de stage que je citais au début du témoignage. Je me suis alors souvenue de son histoire personnelle, c'était un orphelin qui avait vécu de foyer en foyer et qui cherchait l'amour dans de multiples conquêtes féminines, il redevenait enfant en moi. J'ai senti Marie qui le consolait et Dieu venait le toucher. Je pleurais à ce moment-là, mais cela n'était pas mes larmes : c'étaient les siennes, celles d'un enfant blessé par la vie et qui a commencé à pécher parce qu'il n'avait pas les bons repères. Mais, la Miséricorde de Dieu est immense ! Cet esprit était donc en moi avec tous ses péchés qui faisaient souffrir mon corps. Les péchés sont nos croix ! Dieu n'a-t-il pas dit qu'il fallait porter notre croix ? Eh bien aujourd'hui, tout s'éclaire en moi ! Nous devons porter nos frères qui n'ont pas eu la chance de rencontrer Dieu dans leur vie, à l'image du Christ qui a porté les péchés du monde en Lui, pour nous sauver. Il a été permis à cet esprit d'être dans mon corps pour sauver cette personne qui ne connaissait pas Dieu. J'ai senti physiquement cet esprit quitter mon corps et monter au-dessus de ma tête. Quelle joie, j'ai ressentie après dix-huit ans de sa présence en moi !!! Je lui ai pardonné, je rends grâce à Dieu de me faire vivre de telles choses et de m'avoir fait rencontrer Béatrice. En mon cœur, je sais que ma guérison passera par Béatrice, car à côté d'elle, je ressens une grande paix et l'Amour du Seigneur. Dieu opère de grandes choses tous les jours ! C'est un grand cadeau de Dieu. C'est par l'Amour que Dieu sauvera le monde. Et bien là, nous avons été témoins de l'Amour de Dieu ! Gloire à Dieu au plus haut des Cieux !

L'autrice précise que l'esprit humain ne reste pas vingt-quatre heures dans un corps humain, **il est obligé de repartir dans son propre corps**, et c'est un esprit démoniaque qui prend le relais, l'esprit guide ! Mais il peut revenir le lendemain…

■ 38° J'ai découvert qu'ils viennent en esprit dans le cerveau des victimes faire des expérimentations. Les sorciers et les sectes antichrétiennes clercs et laïcs savent faire cela. Lisez la fin du dernier paragraphe de 37°f). Les prêtres exorcistes de renommée mondiale appellent cela, « l'envoûtement d'une personne vivante ou d'un être vivant dans un corps vivant[35] ».

■ 39° Lisez mon neuvième livre[36] « l'abus rituel à l'aune de la Papauté ! », l'anti-pape Paul VI savait aussi le faire. **L'âme damnée sur Ordre de Dieu est venue me révéler le nombre d'enfants qu'il avait violés dans l'invisible.** Et plus de 90 évêques de France savent aussi violer dans l'invisible, même des prêtres…

---

[35] Cf. Si tu crois, tu verras la Gloire de Dieu, chapitre 4- Libération d'esprits humains vivants, de la page 93 à la page 127.
[36] Aux Editions Croix du salut

■ 40° En lien avec le quatrième exemple :
Suite aux découvertes données par Le Seigneur pour la libération d'une personne convertie en 2013, je me suis aperçue que de nombreuses personnes en France sont habitées en particulier par des esprits humains vivants, certaines depuis de très nombreuses années dans l'indifférence du Clergé qui n'a pas connaissance de la gravité de ces situations de souffrance et de désespérance. L'esprit humain vivant n'étant pas un démon, une prière d'exorcisme ne sert à rien, sinon à faire souffrir encore plus la personne. J'ai eu la grâce d'apporter et d'offrir un document de travail à un service d'exorcisme qui m'avait invitée à venir prier avec eux pendant trois mois. Cette habitation ou ce squat abusif est en fait un viol mystique qu'il convient de traiter comme tel et de chasser cet esprit et les autres esprits qui rentrent avec cet esprit de viol ! Parfois, le suspect peut aussi venir en esprit dans un corps humain vivant faire du mal…Relire la fin du numéro 37°f).

■ 41°« Le sorcier peut séparer son esprit de son corps »
« Toute pratique dans laquelle l'individu a la capacité de séparer son esprit de son corps est de la pure sorcellerie», confirmé par le Père Pamphile Fanou, exorciste de renommée internationale et un autre Prêtre béninois. Et aussi par une infirmière qui savait cela. J'ai rencontré un homme qui l'avait fait et qui voulait savoir ce qu'il y avait dans le ciel, mais il ignorait qu'un démon l'avait guidé. Une prière d'exorcisme fut nécessaire pour le libérer complètement.

■ 42° Comme ces Prêtres exorcistes de renommée mondiale, le Père Meinrad Hebga, africain, qui décrit l'envoûtement par une personne vivante, le Padre Fortea, espagnol et Dom Amorth, italien évoquent aussi l'envoûtement d'un être vivant dans un corps humain vivant et moi aussi. Si ce sujet vous intéresse, avec l'aide de prêtres exorcistes, j'ai travaillé ce sujet dans le sixième livre[37].

■ 43° Un témoignage de névroses démoniaques : cette dame est venue me voir en décembre 2012, sur recommandation du prêtre qui m'accompagnait dans les prières, nous avons prié le prêtre et moi trois fois deux heures. Sa mère avait essayé de l'avorter avec une aiguille à tricoter, elle est née les bras repliés. Devant l'impuissance du médecin à déplier ses bras, ses parents ont consulté un médium. Puis, elle a été vendue au diable par son père et sa mère. Sa famille l'a traitée de folle de nombreuses fois, elle a plongé dans l'occultisme, consulté une sorcière abrahamique ! **Quarante ans de souffrance** ! Le prêtre exorciste de son diocèse n'avait pas pris en compte son problème !

« Son témoignage : je suis née dans une famille païenne qui m'a entraînée dans les sciences occultes jusqu'à ma guérison totale grâce à la main du Seigneur ! De ma naissance jusqu'à la fin de mon adolescence, on m'a fait aller de guérisseur en guérisseur ; j'ai subi un grand naufrage psychologique. Par la suite, j'ai même eu des problèmes psychiatriques très graves avec des tentatives de suicides. Les psychiatres ont rédigé un dossier… J'ai eu toutes sortes de diagnostics tels que psychose, schizophrénie, névroses, troubles bipolaires etc. **Toutes sortes de maladies qui n'étaient pas en rapport avec les causes réelles**. Je me suis toujours raccrochée au Seigneur, je suis la seule dans ma famille à avoir la foi avec ma mère qui s'est convertie en 1989, avec laquelle j'allais dans les groupes charismatiques. Béatrice et le père B. ont prié pour me délivrer de tous les liens négatifs dus aux sciences occultes. Je viens de revoir mon psychiatre qui ne me trouve plus aucun symptôme psychiatrique. Il aimerait changer tout mon dossier psychiatrique et me permettre de retrouver du travail. J'ai une attestation de guérison. »

---

[37] Sixième livre : pages 146 à 163.

■ 44° de suicide, et autres esprits démoniaques dans un corps humain pour pousser la personne à se suicider. Si on le sait, il faut chasser, par la prière de libération, ces esprits démoniaques. Et même des Autorités d'Eglise peuvent en mettre !

■ 45° je revenais d'un pèlerinage à Lourdes avec des Jeunes et je fus accusée d'avoir traumatisée mon équipe de Catéchèse, ainsi que de l'avoir abandonnée pour aller prier. J'en fis part à une religieuse, sœur Jean-Marie, une religieuse à qui je me confiais. Aussi, sa réponse par lettre fut très belle et me toucha : « le point de départ de ces reproches serait le temps de prière du jeudi soir où nous nous sommes retrouvés à sept ou huit à la Chapelle à Lourdes. Sans faire de polémique, mais **en assurant la vérité**, vous n'êtes absolument en rien, dans tout cela. J'en fus témoin et prête à le dire à ceux qui vous en rendent responsable, puisque c'est à moi, d'abord, que la proposition fut faite. Je n'étais pas seule et ce n'est pas par moi que vous l'avez su. Il y a erreur d'interprétation. Vous reproche-t-on votre zèle apostolique ? Il y en a qui ont été tués à cause de Lui. Vous devez, savoir que, lorsque le Seigneur passe, le Mauvais veut aussi passer. Un aumônier de la J.A.C., mort prématurément, disait : « A Lourdes, Marie et le Mauvais s'affrontent toujours. » Prions ensemble le Chapitre XVII de Saint Jean, surtout les versets 11 à 26. Souvenons-nous que nous n'avons pas à être servis, mais à servir. Gardons confiance. Malgré tout, le Seigneur nous demande de pardonner. Je vous embrasse et prie pour que la lumière se fasse, sans chercher à contrer ceux désirent, peut-être, votre démission. »

■ 46° En effet, c'était le but recherché et je me suis retrouvée en 2006 devant un tribunal ecclésiastique composé de l'Evêque diocésain, de la Religieuse responsable diocésaine de la Catéchèse et du Prêtre responsable aussi de la Catéchèse diocésaine. Je n'ai pas eu le droit de me défendre et la preuve de

Sœur Jean-Marie n'a pas été retenue parce qu'elle n'était pas du même diocèse que moi !

Et l'Evêque a brandi la menace de l'excommunication. Aussi, je n'ai pas réfléchi longtemps, entre perdre mon honneur et perdre Jésus, j'ai très rapidement choisi, parce que, perdre Jésus, c'était inconcevable. [...] Beaucoup plus tard, après m'être garée au parking de la maison diocésaine, après avoir salué le gardien, celui-ci m'a confié « vous étiez trop compétente », ce qui a mis un baume sur cette blessure infligée par des Autorités d'Eglise. J'ai pardonné à tous mes agresseurs, le jour de la Pentecôte. **Choisir Jésus**, et Dieu le Fils m'a octroyé de nombreuses grâces dont ces charismes. J'ai même offert une indulgence plénière à l'Evêque décédé, mais cela ne lui a pas suffi, parce que sa vie n'était pas conforme à ce que Jésus lui demandait. Je le retrouve dans les prières de libération comme âme damnée ! Une âme damnée française **qui est gardienne de l'abus rituel satanique mystique**, c'est un évêque du Puy en Velay, donné par l'Esprit de Vérité, il y a quelques années.

17) Et cette âme damnée, entendue fin janvier 2024,

■ 46°a) j'avais été prévenue de sa visite, je l'entendais. Elle avait des graves choses à me confier. Maintenant, je vous révèle que c'est l'évêque Brincard ! Mon mari était en poste dans ce département. Voici une partie de ses révélations que vous trouverez dans mon neuvième livre.

1.« j'ai dit du mal de toi au Puy en Velay »,

2.« j'ai dit que tu étais coupable si ton mari partait » (quittait le domicile conjugal),

3.« j'allais te faire partir de la catéchèse parce que j'étais jaloux des grâces que tu avais »… Ne priant pas comme un prêtre exorciste, il fallait que je sache **la vérité**, c'est pour cela que Notre Seigneur a permis que cette âme damnée m'apprenne ce qu'elle avait fait et qui me concernait, mais aussi mon ex-mari et notre famille. Il avait aussi violé dans l'invisible les enfants et jeunes

de la Maîtrise de la Cathédrale ! Au Nom de Jésus, j'ai tout brisé, mais si un prêtre exorciste voulait prier une prière d'exorcisme, surtout pour la France. Et un ou deux jours plus tard, j'ai eu une autre visite, je ne le voyais pas aussi, c'était Satan qui voulait savoir ce que l'évêque Brincard m'avait dit, je n'ai rien répondu et je me suis contentée de le chasser en enfer, bien protégée par la Vierge Marie et tous ceux qui prient pour moi au Ciel. Mais une âme damnée, on ne peut plus RIEN faire pour elle !
Il me semble important d'évoquer le viol.

18) Un exemple de libération et de guérison du viol,

même un médecin est venu me voir pour une libération.

■ 47° Je priais pour une grande jeune fille qui avait été violée par un camarade de classe. En rentrant chez elle en voiture, sa mère me témoigna que non seulement le Seigneur l'avait guérie du souvenir du viol, libérée des esprits impurs liés au viol, mais qu'elle avait eu très mal au ventre ainsi que la nuit suivante et le lendemain, ses menstruations étaient revenues après onze ans d'absence. Aucun médecin n'avait pu les faire revenir.

■ 48° Un pédophile, un violeur, un pervers sexuel…sont aux prises avec le démon de l'impureté, Asmodée. Croyons-nous qu'Asmodée lâche ses proies si facilement ? Que peut donc faire le psychiatre en face d'Asmodée, s'il ne sait pas libérer les esprits démoniaques ? Relire l'histoire de l'abbé Pierre au paragraphe 32°. Un prêtre exorciste m'a fait l'aveu qu'il n'avait pu libérer les abus sexuels, parce qu'il faut des prières de libération particulières.

19) Jésus-Christ libère, relève, restaure, rebâtit.

chasse les esprits de viol, d'inceste, de pédophilie, …, d'impureté, détruit les sceaux utéros de viol, de mort… jusqu'à la mémoire de l'acte de l'abus sexuel et reconstruit la personne qu'elle soit abusée ou abuseur. Quand un Médecin dit à une personne ou à une famille, votre maladie est « génétique ».je suis sûre qu'un ou plusieurs ascendants de cette famille ont commis des péchés graves non confessés et les liens générationnels ont été ainsi transmis aux descendants. Il est indispensable avec l'aide de l'Esprit du Seigneur de rechercher tout ce qui fut mauvais dans les générations précédentes et de détruire tous les liens générationnels mauvais afin de pouvoir prier pour qu'il ou elle soit guéri(e). C'est « humainement impossible[38] à découvrir », il n'y a que l'Esprit de Vérité pour nous le confier.

20) Du père Jean-Régis Fropo[39] français qui fut exorciste.

■ 49° Je vous encourage à lire l'article très intéressant du P. Fropo afin de connaître les désastres des « liens maléfiques ». J'ai entendu une dame qui se vantait d'avoir guéri mille personnes comme guérisseuse. Mais cette dame et sa famille étaient dans le mensonge, ils n'avaient pas la vérité comme ceinture. Elle doit avoir des esprits impurs à chasser…

La Vierge Marie a veillé sur moi et m'a donné aussi des prières de libération. Je fus émue et attristée de voir une fois « la statue de la Vierge Couronnée pleurer des larmes de sang à Lourdes en 2011 ». Et Elle m'a guidée dans l'exercice des 19 charismes que j'ai reçus, tant d'Elle que du Seigneur.

---

[38] Cité par le Dr Mary Healy, Charismatique reconnue.

[39] Journal l'Homme Nouveau, 5 novembre 2016. Extrait du Nouveau Rituel du baptême: le cri d'alarme d'un exorciste.

« Douleurs corporelles, perturbations psychiques, difficultés relationnelles… c'est l'ensemble de la vie de la victime qui est atteinte dans sa santé physique et psychique, ses relations familiales ».

https://www.hommenouveau.fr/1815/religion/nouveau-rituel-dubapteme---le-cri-d-alarme-d-u n-exorciste.htm

Autorisation à publier donnée par le Père Fropo le 28 novembre 2019.

5 – Dans l'exercice des Charismes

■ 50° Charismes reçus de Notre Seigneur et de la Vierge Marie :

1. D'écoute et j'ai suivi une formation ;
2. De connaissance, en 2010 ;
3. De guérison reconnu en 2004 par un Prieur de monastère, reçu le 4 09 1991 à Lourdes et ma dernière fille en a bénéficié ;
4. De libération, le 8 janvier 2010 ;
5. Le parler en langues en juin 2010 ;
6. Discernement direct des esprits dans la libération le 10 décembre 2012 ;
7. Discernement direct des esprits dans l'écoute le 8 09 2013 ;
8. Charisme de substitution, Mr handicapé à Lourdes en 2012 ;
9. Charisme des odeurs ;
10. En 2013 le charisme de ressentir des sensations particulières ; sentir des odeurs ou de ressentir des sensations particulières début décembre 2013 ;

Différentes odeurs à des dates différentes :

Dès 2010 : le 8 janvier, **l'odeur céleste du lys blanc**. Un parfum merveilleux qu'on n'oublie pas !

En 2010, l'odeur de l'urine pour l'occultisme.

En 2012, l'encens, pour un prêtre. Je ressens toujours cet encens à chaque fois qu'un prêtre est concerné, même s'il est mort !

Fin septembre 2013, l'odeur de la colle pour le viol, je l'ai sentie dans une cuisine près d'une personne qui avait subi le viol.

En 2014, dans une maison, je sentais l'odeur de la pourriture, l'odeur puante d'un charnier. Sous la dalle de la salle à manger où nous étions installés, j'ai eu la vision d'un charnier d'embryons, de morts qui servaient aux maléfices des sorciers, et la vision d'un chemin d'âmes errantes, « habillées de noir », mortes lors de combats sanglants en Vendée. Je me trouvais dans cette maison avec un prêtre qui a libéré les âmes errantes. Je m'étais déjà rendue dans cette propriété un an auparavant, mais le Seigneur ne m'avait rien donné parce que le prêtre exorciste ne croyait pas aux âmes dans le passage de la mort. Et ma vision et cette odeur seront confirmées par un autre prêtre.

Et d'autres odeurs en lien avec la personne accueillie sont données dans la prière de libération. Comme le gaz, au téléphone pour un jeune attaqué et devant mon domicile, pour me tuer…Le gasoil dans une voiture, le maléfice était dans le réservoir.

Cette perception d'odeurs est bien utile pour le discernement des esprits impurs. Et j'ai maintenant un odorat très développé. Mais avant de dire ce que je ressens, je demande toujours une confirmation à l'Esprit Saint. L'Ennemi peut se déguiser en ange de lumière.

Il m'a été inspiré pour m'assurer que cela vient bien de Dieu, « faire le signe de la Croix et jeter de l'eau bénite ».

Dire « au nom de Jésus, est-ce toi Seigneur qui me parle ? » Et je rajoute « au nom de Jésus, tout genou fléchit au ciel, sur la terre et dans les enfers ». (Ph 2, 10). Pour éviter de se faire rouler par le mauvais ange, il est nécessaire d'employer la Parole de Dieu.

11. Le 14 octobre 2014, charisme de porter des âmes dans le passage de la mort ;

12. Charisme de prophétie pendant la veillée Pascale le 4 avril 2015 ;

■ 51° Le 4 avril 2016 le jour où nous fêtions cette année-là l'Annonciation, j'ai reçu un Ange supplémentaire, un Gros Ange, l'Archange Gabriel ;

13. Charisme d'alerter les grands pécheurs en 2016 :

■ 52° L'Esprit Saint, en fin d'année (novembre) 2016, continue de me gâter et me donna un nouveau charisme. Je ressentais les parfums de merveilleuses roses qui exhalaient en trois lieux différents et à trois moments particuliers et à plusieurs jours d'intervalle dans une église (la même) et avec la même personne, un prêtre, comme si je me tenais dans un grand parterre de roses où leurs fragrances embaumaient. Cette senteur était extraordinaire. Les parfums de ces roses m'envahissaient avec délices. Et je les respirais aussi avec bonheur sur la personne. J'en ai fait part à la personne que je connaissais, surprise comme moi de la présence de ces parfums, mais je n'ai pas compris ce que le Seigneur voulait me montrer, bien qu'agréablement étonnée devant une telle senteur. Je contactais mon père spirituel et lui confiais pour qu'il m'éclaira et il m'a expliquée que **Benoîte Rencurel (sanctuaire de Notre Dame du Laus)** avait eu un charisme similaire « d'alerter les grands pécheurs « par des fleurs qui embaumaient.

14. C'est le 30 novembre 2017 où j'ai reçu ce charisme de libérer une âme de ses péchés qu'elle soit morte ou vivante pour que l'Ennemi n'ait plus de prise sur elle en disant « si vos péchés sont comme l'écarlate, ils deviendront blancs comme la neige ! Isaïe 1, 18 » ;

15. Charisme reçu le 7 décembre 2019 est de voir les démons sous forme animal, la bête que je vis, tout en haut dans les trouées d'un vitrail, dans une église ressemblait à une panthère » Ap, 13, 2 ;

16. Charisme de parler aux âmes vivantes ou errantes avec l'aide de mon Ange Gardien et avec les précautions d'usage ;

17. Charisme de parler aux âmes damnées avec les précautions d'usage pour avoir des renseignements sur les ancêtres.

18. Charisme de résurrection, j'ai prié pour trois personnes dont deux prêtres, un seul a voulu revenir. D'autres, j'ai demandé à Notre Seigneur de leur demander, les trois prêtres ont refusé.

19. Début novembre 2023, charisme de connaissance particulier, je lis le questionnaire issu de mon cours de formation et l'Esprit Saint me montre ce que la personne ne m'a pas dit… En priant, j'ai reçu que c'était le charisme de science.

■ 53° **Ne t'ai-je pas dit que si tu crois, tu verras la Gloire de Dieu ?**[40] En recevant cette Parole de Vie le 4 mars 2010, lors d'une veillée d'Adoration Eucharistique animée par des jeunes, je

---

[40] Jean 11, 40.

compris que j'allais vivre encore un moment exceptionnel. J'avais un rendez-vous téléphonique avec une dame appelée Violaine[41] qui m'avait demandé d'intercéder pour que Jésus-Christ guérisse son sein droit atteint d'un cancer depuis deux ans, au stade 3 m'avait-elle dit, le stade 4 étant mortel. A 23h 45, j'ai vu la Gloire de Dieu. **Le Seigneur l'a guérie tout de suite dès les derniers mots de la prière.** Il nous demande seulement de croire en Son Amour, en Sa Puissance. « Car rien n'est impossible à Dieu.[42] » « Elle a dû vite raccrocher, le sommeil la terrassant. L'apaisement a rejailli dans tout son corps immédiatement. Elle s'est sentie mieux tout de suite. Elle a dormi comme un bébé du sommeil des justes, sans aucune emprise, d'un sommeil réparateur. Des larmes coulaient sur ses joues. Elle était dans la joie. Violaine avait retrouvé une forme éblouissante, son visage s'était transformé, plus calme, plus reposé, plus du tout tourmenté. Ses douleurs avaient disparu et son moral était au beau fixe ! »

■ 54° Témoignage d'un homme marié, père de quatre enfants, Docteur d'Etat en Droit et autres fonctions professionnelles
pour servir à la reconnaissance de l'efficacité de ma prière et envoyé à un Evêque…

■ 55° J'ai prié un jour à la demande de sa fille pour une dame de presque 100 ans dans une maison médicalisée et avec son accord. Quand j'ai eu fini la prière, je lui ai dit que tous ses esprits impurs étant chassés et elle avait reçu auparavant le Sacrement de Réconciliation et si elle devait mourir maintenant, elle irait au Ciel. Elle devait subir une opération, l'infirmier lui faisait un soin avec de l'eau, nous avons remplacé l'eau par de l'eau bénite. Elle fut guérie très rapidement par la prière et l'eau bénite. Son médecin chrétien n'a pas compris la guérison !

---

[41] Prénom modifié.
[42] Luc 1, 37.

■ 56° **La Vierge Marie m'a révélée** en 2019 qu'il fallait utiliser le parler en langues, plutôt que le chant en langues, dans lequel l'ennemi peut s'infiltrer. Dans l'exercice des charismes, il faut beaucoup prier soi-même, prier pour les autres, et offrir des sacrifices et obéir à Notre Seigneur. C'est Lui mon Patron. Je dois offrir pour sauver des âmes.

■ 57°« Vous êtes la seule qui m'ait autant aidée et fait autant d'effets, je ne peux pas m'en sortir sans votre aide, ne me lâchez pas, je commence à sentir une sortie. MERCI POUR TOUT. »
« Béatrice, si vous priez pour stopper la médiumnité, ça marche, je me sens beaucoup mieux, moins envahie et cinglée, j'ai l'impression de commencer à avoir une vraie vie à moi. Continuez SVP, merci pour tout. » Sur plusieurs années, elle a eu 800 prières. De Dom Amorth « des années d'exorcisme pour libérer un maléfice » ! « J'ai oublié de vous dire que je vais encore beaucoup mieux. Merci pour votre formidable dévouement. » Un prêtre exorciste avait confié à une dame que la médiumnité, cela ne se guérit pas ! Deux fois, j'ai prié, ces personnes ont été guéries. Pas de confiance à l'Esprit de Vérité !

■ 58° « Pour moi qui suis infirmière, ce fut une grande découverte. Je ne doute plus de l'action journalière et malfaisante des démons dans nos vies et de l'importance vitale des prières de libération, de délivrance et de coupures des liens.

■ 59° Témoignage de libération et de guérison d'un cancer du pancréas pour une dame. En fin d'année 2012, cette dame avait sur elle une malédiction de mort lié au cancer. Des membres de sa famille lui causaient des problèmes. Elle avait une récidive de cancer depuis 10 ans, un cancer du pancréas, son cancer n'était pas normal lié à l'occultisme. Une maladie occulte inguérissable par la médecine ! J'ai prié, pour qu'au Nom de Jésus, elle soit libérée de toute hérédité satanique venant des membres familiaux et j'ai chassé un esprit de vengeance, de haine et de ressentiment. Quand j'ai imploré l'Esprit Saint pour que le « paquet cadeau mauvais » soit détruit, c'est à ce moment-là, que « le paquet cadeau mauvais » a été détruit ! Elle a précisé qu'elle a ressenti un début de chaleur du pied au ventre par deux fois. Son cancer du pancréas guéri, son estomac guéri. Surprise du médecin !

■ 60° Un Curé m'avait invitée à me rendre dans son presbytère afin de prier pour un séminariste qui était troublé et se posait des questions sur sa vocation sacerdotale. J'ai d'abord prié pour qu'il soit libéré et en fin de prière, je recevais de l'Esprit Saint « je ferai de toi un pécheur d'hommes ».

■ 61° J'ai pris l'habitude de ne plus me mettre devant dans une église parce que je ressens les personnes « infestées » derrière moi, leurs esprits impurs s'agglutinent au-dessus de mes cheveux, telle une perruque ! [On nous avait expliqué en cours de formation de délivrance qu'il ne fallait pas habiter au-dessus d'un Bar ou d'un Café, parce qu'on récupérait tous les esprits impurs des consommateurs !] A la Chapelle, où j'allais à la Messe en semaine, une ancienne responsable de Brasserie venait aussi et j'étais obligée de m'installer au fond de la Chapelle, parce que je récupérais tous ses esprits impurs !

■ 62°Attention, danger d'utiliser ces thérapies, magnétisme, sophrologie, hypnose, je vous conseille de lire ce site[43].

■ 63° « D'un Curé …Après avoir prié avec Béatrice sur plusieurs personnes (15), j'ai pu voir la force du Seigneur qui libère les âmes abîmées par les blessures occasionnées par les générations passées et la fréquentation de l'occulte. Une fois encore, la

---

[43] Site tenu par ce prêtre exorciste : https://sosdiscernement.org/lhypnose-2-technique-ou-pouvoir/

manière dont Béatrice prie se fait dans le respect de l'Eglise, l'humilité la plus complète… »

■ 64°Je suis extrêmement reconnaissante à Béatrice, pour ses prières et sa main tendue, sans contrepartie aucune. Je lui dois un secours inestimable, sans lequel je n'aurais pas survécu. J'ai fortement ressenti et apprécié chez toi, ton désir et ta volonté d'aider tes frères en humanité à sortir de leurs ornières où ils se sont embourbés. Ton espérance m'a portée là où chez moi, elle se faisait défaillante.

■ 65°Je fus touchée par le calme, la sérénité de Béatrice, sa persévérance dans les prières, sans relâchement, avec un énorme charisme, une Foi forte et indéfectible. Quel sacerdoce ! Un tel dévouement, une telle aide pour libérer les âmes « piégées » et souffrantes des êtres « en torture psychique et physique ».

■ 66° Béatrice N. **Je vous remercie et vous félicite pour tous les biens que vous faites.** C'est bien pour tout le bien que vous faites en accueillant les personnes que le Seigneur vous envoie. C'est bien que vous ayez un prêtre accompagnateur spirituel.
Je vous remercie de prier pour moi, j'en ai tellement besoin et vous assure aussi de mes prières… P.Gabriele Amorth.

Notre Dame des Victoires, venez sauver notre pays la France et le monde qui sont consacrés à l'Antichrist depuis au moins 2015, date à laquelle cela a été donné dans la prière de libération de personnes abusées mystiquement !
Vierge Marie, Auguste Reine des Cieux, aide-nous à chasser les démons avec les Archanges, les Anges et nos Amis du Ciel.

6 - Le pouvoir de chasser les démons[44]

Jésus nous donne autorité [45]sur les esprits impurs, sur tous les esprits démoniaques.

■ 67° Un prêtre Curé Doyen me confiait : « le sujet du combat spirituel contre le démon fait partie du quotidien du catholique, mais a été trop marginalisé par le clergé. L'Eglise est largement fragilisée par son absence d'enseignement et d'unité sur des grands sujets comme celui-là. Soyons très humbles et sous le regard de Jésus, avec la grande protection de Marie, soyons témoins et enseignants fidèles de la Parole de Dieu et du Magistère de l'Eglise, qui a perdu le savoir et oublier son savoir-faire en matière de délivrance, de guérison et de discernement des esprits, experte pourtant qu'elle doit être en humanité.»

■ 68°« Dans notre monde permissif, plusieurs deviennent sous l'influence du démon, sans trop s'en apercevoir, en faisant des expériences du côté de *la magie, de la sorcellerie, de l'occultisme, du spiritisme, des religions orientales*, en ignorant les dangers qu'ils encourent. Par ailleurs, certains peuvent nuire à autrui par l'intervention du démon au moyen de *la magie noire, des malédictions, du mauvais œil et des sorts*[46] ».

Les Juges des tribunaux ne sont souvent pas informés des cas d'emprise et de libération, particulièrement pour le divorce, mais aussi pour le viol…

---

[44] Le 20 avril 1999. Publication et photocopies autorisées. Un théologien. Du livre « Retire-toi, Satan ». Ibid.
[45] Le 20 avril 1999. Publication et photocopies autorisées. Un théologien. Extraits du livre Retire-toi, Satan – année 2004 - Edition Leparex – 405-195 Côte Sainte Catherine – Outrement – Québec – CANADA H2V 2B1 – tel/fax : (514) 270-7441.
[46] Ibid.

■ 69° D'un prêtre exorciste : « Le cas de Madame N. (emprise, puis libération) est à cet égard très instructif et malheureusement représentatif de nombreux autres qui demeurent ignorés. Les rituels de magie blanche, noire ou rose, sont monnaie courante dans le monde des affaires et celui de la vie conjugale. Le rituel de magie blanche ou rose est habituellement déguisé en prière chrétienne à travers de « formules » qui ressemblent à des « prières », s'adressant à Dieu, à la Vierge Marie, aux saints, (vrais ou faux), et éventuellement quelque signe particulier servant de point de fixation. Puisqu'il est animé par une volonté de puissance (« que ma volonté soit faite »), il aboutit directement au démon et produit l'effet projeté. Il peut être assaisonné de quelques malédictions en direction de la santé ou des biens de la personne visée, produisant des effets paralysants et dévastateurs. D'un point de vue chrétien, les effets ne peuvent être stoppés que par Jésus lui-même, à travers une prière où on lui demande de couper les liens magiques, ou à travers une prière d'autorité faite au nom de Jésus si l'on a ce ministère par la grâce du sacerdoce ou d'une mission particulière venue de l'évêque. Dans mon ministère diocésain, je fais souvent ce type de prière, et d'enseigne aux personnes affectées à demander à Jésus de le faire. »

■ 70° Une amie infirmière m'a fait un cours sur l'ADN pour que je puisse bâtir une prière de libération. On met beaucoup de choses dans l'ADN, comme la marque de la Bête. Je peux préciser que le chiffre et la marque de la Bête sont mis dans l'ADN de tous les Chrétiens Catholiques. La Bête, c'est Satan, un chrétien non formé à ce combat spirituel, ne peut s'en libérer seul au Nom de Jésus.

■ 71° Nous (trois amies) sont reçues dans un lieu de pèlerinage. La jeune femme qui nous reçoit m'ayant été recommandée. Elle m'avait appelée pour un membre de sa famille. A sa demande, j'avais prié deux fois pour lui, vivant une situation très difficile.

Et je n'ai eu aucun problème avec lui. Cette jeune femme était fiancée à un jeune homme que j'avais aussi rencontré. Celui-ci, après une agapè, m'avait appelée plusieurs fois pour me raconter une souffrance devant sa future belle-mère qui a une emprise sur sa fille, l'ayant vu aussi moi-même. Avant de contacter cette future mariée, j'ai beaucoup prié sur l'opportunité d'entreprendre une telle démarche. Et comme une amie pourrait parler à son amie, j'ai appelé cette jeune femme.

Notre dialogue a été serein et vrai, je pensais qu'elle avait entendu ce que je lui avais dit. Et j'avais eu deux phrases bibliques dans mon cœur « l'homme quittera son père et sa mère et s'attachera à sa femme »… et « pars de ton pays, quitte ta parenté. » Deux jours plus tard, cette jeune femme m'appelle très en colère contre moi, « me reprochant ce que j'avais pu lui dire et que je n'aidais pas les autres et qu'elle coupait les ponts avec moi. » Et dans la foulée, elle avait tout raconté à sa mère. Le lendemain, une de mes amies qui avait été aussi dans ce lieu de pèlerinage et âgée de 80 ans, une amie et intercesseuse, a été prise à partie au téléphone par la mère et la fille très en colères contre moi, lui disant « on lui fera du mal, car on connaît beaucoup de monde ici ». Mon amie a coupé la communication en disant « je vais prier la Vierge Marie pour cela ».

Entre temps, j'avais rappelé le futur marié pour qu'il dise la vérité à sa fiancée, que ce n'était pas moi qui l'avait appelé plusieurs fois comme il l'avait laissé entendre. Il l'a fait et s'est fait insulter par ses futurs beaux-parents, à la sortie de la Messe qui lui ont reproché de m'avoir parlé et demandé mon aide. Ses amis (50 ans de mariage) l'ont défendu et ont révélé à la future belle-mère ce qu'elle avait besoin d'entendre, entre autre qu'elle avait un orgueil très poussé…

Mon amie que j'ai rappelée venait de recevoir encore un appel de ces deux femmes très en colères contre moi « j'étais possédée, elle ne devrait plus me fréquenter, parce qu'elle serait infestée, j'avais cassé leur famille, elles allaient me dénoncer auprès de l'Evêché »… Mon amie les a remis à leur place plusieurs fois, se

rendant compte qu'elles ne disaient pas la vérité. Alors, mon amie m'a confié « tu as rendu service à ce jeune homme ».
Ces deux femmes ont une souffrance de leur enfance, surtout la mère qu'elle entretenait en mettant de l'huile sur le feu !
Aussitôt, j'en ai fait part à mon accompagnateur spirituel parce qu'elles ont certainement dû aller se plaindre à l'évêque de leur diocèse. Et, j'ai prié pour ces personnes.

■ 71°a) Le prêtre m'a répondu « j'ai relu ce texte. Laissez tomber, il y a des choses que les gens ne veulent pas entendre. Les cas où il y a fusion affective sont probablement les plus difficiles pour nous, car l'un retourne l'autre. Ce qui s'est passé ici. » Nous n'avons plus eu de nouvelles, ni de ces dames, ni du diocèse, ni de personne !

Si les personnes, qui demandent la prière de libération, sont en général dans la vérité, certaines sont dans le mensonge et aussi dans la critique, voire la calomnie. Mais l'Esprit de Vérité me le montre, surtout si la personne ne veut pas se convertir. Et je suis obligée d'arrêter toute prière de libération.

C'est indispensable de faire la Volonté de Dieu Un et Trine. La demander chaque jour. Ne pas avoir peur si le Seigneur nous embauche dans ce ministère de compassion.

7 – Des prêtres exorcistes qui n'avaient pas su discerner la possession !

■ 72° « Et voici les miracles qui accompagneront ceux qui auront cru : par mon nom, ils chasseront les démons » (Marc 16 17). « En effet, c'est une hérésie[47] de contredire des paroles formelles du Christ ! Malheureusement, la grande majorité des membres du clergé, à tous les paliers, ignorent qu'il y a deux espèces de dogmes : les vérités de la foi catholique, qui ont été définies par le Magistère, et les vérités de foi divine, qui sont clairement et explicitement exprimées dans l'Ecriture Sainte. »
« Or, les paroles de l'Evangile, par lesquelles le Christ octroie à tous les croyants le pouvoir de chasser les démons, constituent une vérité de foi divine, et, en conséquence, c'est une hérésie de contredire ces paroles du Christ[48] ! » « Comme il s'agit d'un pouvoir[49] que le Christ lui-même a accordé à tous les croyants, absolument personne ne peut le contredire, même pas le Magistère actuel de l'Eglise. […] »

■ 73° Un prêtre exorciste fiable qui a été le deuxième à reconnaître le charisme de libération m'indiqua : « votre charisme est similaire à celui que les Chrétiens avaient du temps de Justin 1er ».

■ 74° C'est Jésus qui me donne l'autorisation de prier, je n'ai pas besoin de l'accord d'un Evêque quel qu'il soit. Surtout pas d'un Evêque abuseur sexuel ! Encore moins d'un Evêque dont le Sacrement d'Ordination est invalide.

---

[47] Page 308. Le 20 avril 1999. Publication et photocopies autorisées. Un théologien. Extraits du livre Retire-toi, Satan – année 2004 - Edition Leparex – 405-195 Côte Sainte Catherine – Outrement – Québec – CANADA H2V 2B1 – tel/fax : (514) 270-7441.
[48] Ibid.
[49] Ibid.

■ 74°a) Dom Amorth m'écrivait qu'il fallait des années d'exorcisme pour libérer un maléfice.

■ 75° Une paroissienne m'avait raconté que le prêtre charismatique avec qui j'avais pu prier lui avait confié « je vais chercher quelqu'un, attendez, ne vous inquiétez pas, ne craignez rien, on peut tout dire devant elle, je m'en porte garant ».

■ 76° D'un prêtre Curé et exorciste : « Je lui suis très reconnaissant pour avoir profité d'un charisme que je ne connaissais pas. »

■ 77° Deux prêtres exorcistes n'avaient pas su discerner deux possessions :

■ 77°a) **L'un, Docteur en théologie**, s'était occupé d'une personne qui avait un maléfice dû au vaudou. J'avais vu cette personne et prié avec le Prêtre exorciste, mais je n'avais pas entendu toute son écoute. Il avait aussi prié avec deux autres Prêtres pour la délivrer. Mais ils n'ont pas réussi et se sont découragés. Alors, il lui avait conseillé d'aller voir un Psychiatre ! Quand, désespérée, elle m'en a fait part, je savais bien que c'était l'Ennemi qui la possédait, je l'avais entendu et vu. Aussi, je me suis occupée d'elle... Et elle fut complètement délivrée par Notre Seigneur. Quand on ne sait pas, il faut demander à l'Esprit de Vérité.

■ 77°b) **Un témoignage de la Puissance de Dieu** écrit par Bernadette le vendredi 27 mars 2020 : Béatrice est arrivée pour la retraite du Père Jean vraiment à la dernière minute, suite à un désistement. Le thème de la retraite était : Combat spirituel...Enjeu de la vie intérieure... Lors de mon premier contact avec Béatrice, je m'étais aperçue qu'il ne s'agissait pas de quelqu'un d'ordinaire. En arrivant, elle me présentait ses livres dont l'un portait le titre de : « Si tu crois, tu verras la Gloire de

Dieu», il relate de nombreuses libérations. C'est le fruit d'un énorme travail de recherche biblique, de connaissances sur les maléfices, de possession et de bien d'autres phénomènes plus que bizarres. Le lendemain après-midi, Béatrice me demande de l'accompagner afin qu'elle puisse réciter des prières de libération pour Gabrielle. Elle souffre d'une pneumonie depuis quinze jours, je suis allée la chercher à son domicile, […] Gabrielle avait des difficultés de santé : bronchites, asthme, maux de tête, maux de dos, maux de hanches, des problèmes avec ses enfants. Malgré tous ses ennuis, elle continuait à travailler, sa retraite étant maigre.[...] Un samedi, elle souffre terriblement d'une épaule, elle me demande de la conduire chez le kiné, celui-ci suppose une luxation, conseille une radio : Rien !!! Afin d'essayer de comprendre ces manifestations plus qu'étranges pour moi, qui suis infirmière puéricultrice, je commence à lire les livres de Gabriele Amorth, exorciste du Vatican. Je ne mets pas en doute les faits relatés, mais j'ai beaucoup de difficultés à accepter que les anges déchus puissent nuire autant. Gabrielle avait consulté le Prêtre exorciste du diocèse qui, devant ses antécédents (mère avorteuse et maltraitante puisque Gabrielle était enfermée dans le taie ou la petite étable aux cochons) avait considéré que le **problème relevait du domaine de la psychologie** ! Cependant, Gabrielle ne se résignait pas… En 2014, Gabrielle s'était mise à tousser aux repas, la nuit et pendant les conférences, c'était épuisant pour elle et agaçant pour l'auditoire. A la fin du séminaire, elle était allée trouver le Prêtre qui lui avait dit : vous êtes infestée, mais ce n'est pas n'importe quoi !!! Enfin, elle n'était pas malade imaginaire !!! En 2015,… Gabrielle rencontre un Prêtre de la communauté de Marie Reine Immaculée, il ressent son problème et téléphone à l'un de ses amis, Prêtre de Vendée pour lui signaler sa détresse. Grâce à cet appel et celui du Père Jean, **une démarche d'exorcisme se met en route après plusieurs discernements par un Laïc.** L'exorcisme durera une journée. **[Elle aura en fait trois prières d'exorcisme pendant trois journées !]** Gabrielle va mieux, mais elle n'est pas complètement libérée et elle se recharge régulièrement : toux, voix caverneuse, bâillements bruyants. [...] Durant les prières de libération que fera Béatrice pour Gabrielle, je prie les Saints Exorcistes du livre de Monseigneur Tournyol du Clos. Gabrielle réagit fortement à certaines citations : cannibalisme mystique, sorcellerie, et bien d'autres que je n'ai pas retenues, elle souffre de la tête. Elle dit que des épées lui lacèrent le cerveau, elle tousse et elle crache, cela durera trois heures. J'étais atterrée devant tant de souffrances, elle est épuisée. Quel combat ! De la chambre où elle se reposera, se dégagera une odeur nauséabonde.

Le lendemain, juste après la Communion, elle se prend la tête dans les mains, elle ne va pas bien du tout. Béatrice s'avance doucement, le Prêtre aussi, leurs regards se croisent, **ce dernier n'agit pas**. Alors Béatrice, avec autorité, prend sa grande croix de Saint Benoit, fait une grande croix de haut en bas dans le dos de Gabrielle afin qu'elle soit enveloppée par la présence de Jésus. La situation était grave, Gabrielle me dira : « **j'étais en train de mourir** ». [Elle vivait une attaque de cannibalisme mystique]. Tout ceci s'est passé devant les retraitantes et j'en remercie le Seigneur, cela permettra aux personnes présentes de croire à la présence des esprits impurs dans nos vies. Le jour suivant, dès le début de la messe, la pauvre est à nouveau chahutée de l'intérieur, au niveau du poumon gauche, cela ne durera pas, le démon qui l'empêchait d'aller à la messe est expulsé. [...] Aujourd'hui, premier avril 2020, Gabrielle va très bien, elle a beaucoup dormi, sa pneumonie est complètement guérie. Pour moi qui suis infirmière, ce fut une grande découverte. Je ne doute plus de l'action journalière et malfaisante des démons dans nos vies et de l'importance vitale des prières de libération, de délivrance et de coupures des liens. Je suis très heureuse de la libération de Gabrielle. Béni-sois tu Seigneur pour la guérison que tu as accordée à Gabrielle, pour les charismes que Tu as donnés à Béatrice [...].

■ 77°c) Un complément de l'autrice à ce témoignage :

Je fus effarée de constater que des Prêtres exorcistes n'aient pas discerné que Gabrielle[50] était sous l'emprise de l'esprit de sorcellerie, qu'elle appartenait à Satan parce que sa mère avait fait un pacte avec le démon. Elle avait une possession satanique à vie ! Son Baptême est donc invalide. […] Le lendemain, elle a commencé à avoir de nouveau un problème tout au début de la Messe, je l'ai faite sortir et ai prié seule avec elle.[…] Elle avait un esprit démoniaque mis par sa mère qui l'empêchait de suivre la Messe. Quelles Tendresse et Bonté de Dieu d'avoir libéré et guéri Gabrielle, souffrante depuis 72 ans d'âge !

■ **78° Le prêtre exorciste qui avait prié trois fois** pour sa libération, mais qui n'avait pas découvert sa problématique, s'est permis de me juger et de raconter à plusieurs personnes que mes charismes étaient faux en 2013, après mon passage de trois mois dans son service, parce qu'il était jaloux ! Ces prêtres de Communauté Nouvelle ont des soucis. J'ai su que cette Communauté pratiquait le viol dans l'invisible. Et lui ?

Une autre dame, dite Vénérable, avait-elle reçu des prières d'exorcisme de son vivant ? Ou des prières de libération ? On aurait alors découvert, si elle était dans la vérité ou si elle était dans le mensonge !

---

[50] Le prénom a été modifié.

8 – Un homme ou une femme assoiffée de pouvoir
est-il ou est-elle habitée ?

La vérité ou le mensonge pour ceinture ?

■ 79° Le dimanche 21 janvier 2024, le Responsable du site[51] m'autorise à prendre sur leur site les informations concernant Marthe Robin qui m'intéressent. Avec tous mes remerciements pour leur gentillesse. Que Dieu vous bénisse. B M-E

Je rappelle ce livre que je n'ai pas lu : « *Le livre « La fraude mystique de Marthe Robin* est le dernier ouvrage du Père Conrad de Meester, carme déchaux de la province de Flandre, docteur en théologie, internationalement connu et apprécié pour le sérieux de ses travaux… »

Quand j'ai lu l'histoire de Marthe Robin sur ce site, s'est imposé à mon esprit qu'elle aurait dû être libérée par un prêtre exorciste fiable.

■ 79°a) « Marthe est née le 13 mars 1902 à Châteauneuf-de-Galaure dans la Drôme, une grosse commune très travaillée par l'anticléricalisme, et même la franc-maçonnerie. Les Robin sont des paysans assez aisés, croyants, mais guère pratiquants (page 2 de l'article). Mais sa commune a un point commun avec l'Anti-pape Paul VI, serait-ce le fil conducteur de toute cette histoire ?

◉ 79°b) « Elle ne supporte plus la lumière, elle a des maux de tête qui la font hurler de douleur, jour et nuit. », page 3 du site. [Le

---

[51] **Lu à Internet en juin 2023.**

Père Ovila Melançon, Théologien, que je cite dans le cinquième livre dit que la tête est souvent touchée dans les attaques démoniaques.]

◙ 80° Voici mon écoute : le démon était dans la place avant sa naissance et ainsi, ses Sacrements étaient invalides. Il est fort probable qu'elle n'a jamais eu de prières de libération. Ce qui explique tous ses problèmes.

◙ 80°a) Pour Marthe, au vu de ce que j'ai lu, je dirais qu'elle avait un sceau utero d'adultère, d'impureté + les esprits démoniaques, peut-être aussi un esprit de rejet, c'est dans l'écoute qu'on apprend ce que la personne souffre.

◙ 80°b) « Marthe étant le fruit d'un adultère, » ce que peu de personnes dans l'Eglise savent, elle avait un sceau utéro sur elle, ce sceau utéro n'était pas brisé, les esprits démoniaques (appris en formation) sur recommandation d'un prêtre exorciste fiable, peuvent entrer dans un enfant in utéro, avant la naissance et quand ils le font, ils sont protégés par un sceau satanique. Et si personne ne l'a libérée, elle est morte avec cela. Et son Baptême était invalide.

◙ 80°c) Si ce sceau in utero n'est pas brisé rapidement, la personne aura une vie chaotique. En général, les personnes s'en rendent compte au milieu de leur vie ! Une accueillie me confiait « mon psychiatre ne sait pas réunir, ni rassembler les alters. » En effet, il n'y a que Jésus, Dieu le Fils qui peut le faire ! J'ai pu contacter un prêtre exorciste psychiatre qui ne connaissait pas le sceau utéro, comme les alters, ou personnalités multiples, un cadeau de Dieu[52] pour supporter l'insupportable, cité dans mes livres.

◙ Commentaire : Pourquoi elle n'a pas été libérée ?

◙ 80°d) Au jour de sa naissance le 13 mars 1902, Marthe, la dernière d'une famille de quatre filles et un garçon, ne sait pas encore qu'elle est une enfant illégitime, et que son " géniteur " …

---

[52] Cité par Francis MacNutt (déjà présenté).

était de surcroît **syphilitique**[53] :» Sa mère et son père ont-ils eu des prières de libération ou d'exorcisme ?

◙ 80°e) Commentaire : Le sceau utéro n'était pas coupé et les esprits démoniaques n'étaient pas chassés !

◙ 81° « Marthe n'a donc pas assisté **au saint Sacrifice de la Messe pendant plus de cinquante ans** ! « Elle est intransportable. À l'époque, nous explique-t-il, seuls des religieux Camilliens ont le droit de dire la messe dans la chambre des malades…, ni pendant, **ni après le concile Vatican II ?** Dispense qui aurait été évidemment accordée si on l'avait demandée ? !… » Page 7. Une dame qui est une vraie croyante aurait dû réclamer, elle-même.

◙ 82° Je suis sûre que **Marthe n'est pas dans la Vérité**, puisque le **Concile Vatican II est faux**, je rappelle que sur Ordre de Dieu, l'anti-pape Paul VI m'a donné « soixante révélations papales » certaines, je les connaissais déjà. **Don Luigi Villa** raconte « **la messe diabolique de Paul VI** » dans Chiesa Viva n°528. Je souligne « **Marthe ne savait pas** », donc elle ne vient ni de Dieu, ni de la Vierge Marie.

[LE SECRET DIABOLIQUE DE LA MESSE DE PAUL VI] écrit par Don Luigi Villa. « Paul VI, **en définissant la nouvelle messe, sans Sacrifice du Christ et sans présence réelle dans l'Eucharistie,…** » Elle ne le savait pas, bizarre, elle n'est pas une vraie prophétesse !

« Mgr Bugnini a transformé la liturgie catholique en UN RITE MAÇONNIQUE. Il a ainsi CONSACRÉ L'ÉGLISE CATHOLIQUE À LUCIFER, EN FAISANT SON RITE! Personne ne l'a jamais brisé, ni le rite, ni la consécration luciférienne ! Par cette consécration luciférienne, TOUS LES SACREMENTS DE L'ORDRE, DEPUIS CETTE DATE, deviennent INVALIDES » « Vous êtes tous concernés. J'AI LU QUE « PONTIFICALIS ROMANI, A ÉTÉ PROMULGUÉ LE 18 JUIN 1968 (NOUVEAU

---

[53] A Internet, sur Vidal, chercher les conséquences de la syphilis et vous comprendrez ce qu'elle a vécu. Source : Focus Medica (anglais), traduit en [Français]. À titre indicatif uniquement « *Cécité, paralysie, changements de personnalité* ».

SACREMENT DE L'ORDRE). » AINSI, TOUS LES SACREMENTS DE L'ORDRE DEPUIS CETTE DATE SONT INVALIDES.

De même que tous les Sacrements reçus par les fidèles depuis le 18 juin 1968. Les liens maléfiques résistant aux Sacrements, (cité aussi par un prêtre exorciste fiable), les Sacrements, y compris le Sacrement de l'Ordre sont invalides. »

« L'élection de Jean XXIII, Paul VI, et Jean Paul II (jusqu'en 1989) au trône papal est une élection frauduleuse. » « Nous sommes dans une Fausse Eglise depuis le Conclave de 1958. » « Dans le cas de Vatican II, si on ne coupe pas la consécration à Lucifer faite par Mgr Bugnini, le maléfice du rite maçonnique reste et je viens de découvrir dans Chiesa Viva n° 528 p. 21, (« que c'est maintenu par la Marque de la Bête ») et Le Paraclet, dans Sa grande bonté, me l'a inspiré par le charisme du discernement direct des esprits. Je vous renvoie à mon article 35ème (40°) sur mon site https://lajoieretrouvee.wixsite.com/auteure ».

(S.Th.III,q.82,a.9) QUICONQUE ENTEND LEUR MESSE OU RECOIT LES SACREMENTS DE LEUR PART COMMET UN PECHE. ». Alors, Marthe Robin commettait un péché.

« Le premier Numéro de "Chiesa viva" fondé par Don Luigi Villa, en septembre 1971, lu et signé pour approbation, par le cardinal Joseph Mindszenty. L'Abbé Villa avait reçu mission de Padre Pio de dédier toute sa vie à défendre l'Église du Christ contre l'œuvre de la Franc-maçonnerie, surtout ecclésiastique. www.chiesaviva.com
http://www.chiesaviva.com/528%20mensile%20fra.pdf
e-mail: info@omieditricecivilta.it pour commander le numéro 528. Ecrit par Don Luigi Villa envoyé par Padre Pio et agent secret du Cardinal Ottaviani, Préfet du Saint Office. » Elle fréquentait l'anti-pape Paul VI qui avait aussi des esprits démoniaques !

Commentaire : La Messe Conciliaire est une fausse messe. Son ami le Pape Paul VI ne lui a pas confié tout le mal qu'il avait fait à la Messe, je vous renvoie à mon neuvième livre « L'abus rituel à l'aune de la Papauté ! » Jésus n'est pas dans l'Hostie, sans Sacrifice du Christ et sans présence réelle dans l'Eucharistie [2]. Pour quelqu'un qui reçoit des motions de Jésus et de la Vierge Marie, [**elle ne savait pas que la Messe conciliaire est fausse !**], qu'il y a eu une double messe noire le 29 juin 1963. Et des esprits gardiens qui gardaient cette messe que j'ai reçus en 2023.

[2] Tiré du journal mensuel "Chiesa viva" *** Juillet-Août 2019 n°506, Pages 30 et 31 : «La Vérité vous rendra libres» (Jn. 8, 32) Ecrit par Don Luigi Villa.

◙ 83° « Paul VI est en relation avec elle et il la consulte par l'intermédiaire de Jean Guitton, notamment à propos de la nouvelle messe.... » **Cela ne vient pas de Dieu le Fils, la nouvelle messe est fausse, l'Eucharistie est vide**, mais c'est flagrant, <u>elle ment.</u>

◙ 83°a) « On prétendait plus tard qu'elle ne vivait que de l'hostie consacrée. J'ai eu la preuve évidente du contraire » : depuis l'anti-pape Paul VI, l'hostie était vide, Jésus n'était pas dedans puisque la messe est fausse. Elle n'avait pas discerné que Paul VI était un anti-pape, puisqu'il y avait un Vrai Pape Grégoire XVII !

◙ 84° Accablée par la souffrance d'une maladie « destructuran-te», elle a rempli un service du prochain et de l'Église, en précurseur de Vatican II, un merveilleux et héroïque apostolat de direction spirituelle des âmes !. **Mais elle ne le pouvait pas, puisqu'elle était sous emprise démoniaque.** Ceux qui l'ont dirigé n'avait pas de formation dans le domaine de l'exorcisme. Des plus petits aux plus grands, ils sont plus de cent mille à avoir profité de ses " lumières " « Lumière de Jésus, j'ai un gros doute ou lumière de l'autre qui se déguise en ange de lumière »... je suis d'accord avec cette citation.

◙ 85° Mais ce qui a manqué à Marthe Robin, ce sont des prières de libération. Il faut rajouter comment vivre de la Communion puisqu'elle était vide… **Si elle était de Dieu**, elle aurait dû savoir que le Concile Vatican II était faux….

◙ 86° Plusieurs fois, Le Seigneur Jésus et la Vierge Marie m'ont montré des Faux-Prophètes. Une personne qui se proclame prophète doit être discernée par un prêtre exorciste fiable et un charismatique fiable et elle doit recevoir des prières de libération pour vérifier sa véracité. Si vous saviez tout ce qui a pu se passer dans les générations précédentes, c'est humainement impossible à trouver, il n'y a que l'Esprit de Vérité pour le révéler

◙ 87° J'ose espérer qu'elle n'avait pas été initiée par l'anti-pape Paul VI à faire du viol mystique, comme l'ont fait les Papes, des Evêques, des Curés, des membres de Communautés nouvelles. Ni vu, ni connu, ni puni ! Sauf là-Haut !

L'âme damnée de l'anti-pape Paul VI est venue me dévoiler sur Ordre de Dieu, la fausseté du Concile Vatican II et aussi confirmé par Don Luigi Villa envoyé par Padre Pio et son Collaborateur dans leurs journaux Chiesa Viva.

◙ 88° Commentaire : Un prêtre de la Haute-Loire nous avait confié que Marthe Robin lui avait dit qu'il verrait le retour du Christ, sauf qu'il est mort depuis plusieurs années ! **Cette prédiction était fausse !**

◙ 89° « Le 29 juin 1963 est née la nouvelle ère de l'homme… page 17, … c'était la nouvelle église de Paul VI, l'anti-pape avait créé le règne de l'Antéchrist. » dans la lettre envoyée aux Evêques de France », Jésus, la Vierge Marie parlent à Marthe Robin, dit-elle et elle ne savait pas cela, alors que moi, je le sais.

◙ Commentaire, elle ne le peut pas, elle est sous emprise !
De 1945 à 1981, des évêques par dizaines,

◙ 90° Un évêque qui allait la voir (lui-même nous l'a dit en conférence), avait une femme et un fils - esprits d'impureté) et faisait partie de la secte anti-chrétienne, cela je le savais de source sûre et il est « âme damnée » maintenant.

◙ 91°Alors qu'elle a comme <u>tous les Catholiques</u>, suite au Concile Vatican II une consécration luciférienne, voir mon sixième livre et les écrits de Dom Luigi Villa et le neuvième livre. « Homicide, celui de son frère Henri, qu'elle n'a étrangement pas entendu », l'âme de son frère n'était-elle pas en elle ? Relire le début de mon livre.

◙ 92° « La Pentecôte d'amour » qui devait résulter de Vatican II, c'est Marthe qui l'a prophétisée bien avant les papes Jean XXIII et Paul VI, et qui l'a mise en œuvre ». Jean XXIII et Paul VI sont en enfer, ils ont usurpé la place de Grégoire XVII, **je la confonds, ce qu'elle dit est faux. Revenez aux écrits de Don Luigi Villa.** Dans ce livre, je raconte la prière de résurrection pour un prêtre d'une Communauté nouvelle inspirée par Marthe Robin, voici son fruit : faire du mal à un prêtre et à des laïques !

◙ 93° L'Ennemi peut se déguiser en ange de lumière. Il m'a été inspiré pour m'assurer que cela vient bien de Dieu, « faire le signe de la Croix et jeter de l'eau bénite ». Dire « au nom de Jésus, est-ce toi Seigneur qui me parle ? » Et je rajoute « au nom de Jésus, tout genou fléchit au ciel, sur la terre et dans les enfers ». (Ph 2, 10).

◙ 94° « Sa nièce, a observé que le cercueil était au fond du caveau, par terre, alors qu'il avait été mis en haut, lors de la sépulture du 12 février 1981 » (cf. p. 190). Signe fort et sévère avertissement aux postulateurs de sa cause…

◙ 95° « Si vous m'abandonnez, tous les démons se mettront après vous » !!! « L'Eglise Catholique n'a pas de formation dans ce domaine, plusieurs prêtres m'ont confié qu'ils n'avaient pas été formés sur ce sujet de la démonologie au Séminaire.

◙ Commentaire : comment pouvait-elle savoir cela si elle était en Dieu, comme elle le prétendait ?"

◙ Commentaire : ces attitudes ne sont pas d'une personne vraie et mystique !

◙ Commentaire : pourquoi le psychiatre ne travaillait-il pas avec un prêtre exorciste pour poser son diagnostic ?

◙ 96° Saint Pio de Pietrelcina[54] « qui avait confessé le diable rajoutait « vive Jésus et vive Marie ». Ces mots avaient fait fuir le diable dans une odeur pestilentielle de soufre. » Nous sommes

---

[54] Droit de courte citation.

face à une fausse mystique. Pourquoi le Seigneur me l'a révélé et pas à elle ?

■ **96° Un miracle eucharistique le 17 janvier 2022 dont je suis la seule bénéficiaire :** je vous partage une très grande grâce vécue le 17 janvier 2022, fête anniversaire des Apparitions de Notre Dame à Pontmain, j'avais appelé à l'aide un Prêtre de la FSSPX que je ne connaissais pas, un peu loin de mon domicile pour qu'il m'apporte les Sacrements de Pénitence et d'Eucharistie, étant fort attaquée depuis le 1er janvier 2022. J'avais déjà reçu dans un autre département l'année passée plusieurs fois ces Sacrements dans une autre Chapelle de la Tradition. Quand, après m'avoir écoutée et confessée, le Prêtre m'a donné la Sainte Eucharistie, j'ai reçu une très grande grâce mystique. Ayant gardé quelques secondes, la Sainte Hostie dans ma bouche, j'ai ressenti du sang, j'ai cru que c'était une de mes dents qui saignait. Et j'ai rendu grâce pour ce bonheur que Notre Seigneur vienne jusqu'à moi, étant dans l'impossibilité de sortir, puis j'ai avalé la Sainte Hostie. Enfin, j'ai beaucoup remercié le Prêtre et l'ai raccompagné au portail. Puis, en rentrant, j'entendis le téléphone qui sonnait, c'était une amie qui me partageait ses soucis. Et à 15 heures de l'après-midi, j'ai repris un temps d'action de grâces. Ainsi, j'ai appris avec une grande joie que ce n'était pas mon sang qui s'était mélangé dans la Sainte Hostie, mais **le Sang de Notre Seigneur**. Deo Gratias. J'en ai tant besoin dans ce combat spirituel que je mène depuis plus de douze ans. Et c'était la première fois que cette grâce m'était donnée. Mais elle était annonciatrice d'une plus grande épreuve, m'a-t-il été révélé. En effet, je le confirme.

9 – Une belle histoire de libération et cette dame cherchait tant à être libérée !

Cette personne n'avait pas voulu rester sous emprise démoniaque, elle a cherché le prêtre exorciste qui pourrait la délivrer, ne l'ayant pas trouvé, elle a écrit à un autre sur son site qui me l'a adressée. Voici le parcours d'une dame qui a renoué avec Jésus, on est loin du parcours de Marthe Robin !

■ 97° « Voici son témoignage » :

A 11 ans, ma vie bascula dans le <u>paranormal</u> ; un soir, je fus réveillée par une silhouette lumineuse qui frappa à la porte fenêtre de ma chambre. Depuis lors, cette présence me collait au point de la retrouver chaque nuit pour livrer avec celle - ci un combat vain, (envoi de coups de pieds et de poings à son encontre). De guerre lasse, à l'âge de 16 ans, je conclus un pacte de paix lui suppliant de me laisser tranquille. Un calme relatif semblait revenir dans ma vie, il fut de courte durée. Désormais la découverte de ce monde invisible m'invitait à mener une quête à la fois existentielle et spirituelle et je n'aurais de cesse de chercher pour comprendre. Ainsi, je sombrais délibérément dans l'univers trouble et séduisant de l'occulte avec consultation de voyants, médiums, guérisseurs et initiation à certaines pratiques (cartes, numérologie, ...).

En parallèle, mes parents traversaient une grave crise de couple avec menace de séparation. Je devins anorexique et vouait une haine à l'encontre de mes deux parents. Survint le divorce de ma tante et de mon oncle; ce dernier, blessé par la séparation, proféra une malédiction par courrier adressé à chacun des membres de la famille. Ce fut un choc et dès lors les malheurs s'enchaînèrent méthodiquement   :

• hémiplégie ...; • handicap consécutif à 2 accidents à 2 ans d'intervalle ; • déboire financier ;• problèmes de santé (dépression de nombreux membres…)• et problèmes de travail. J'obtins un travail en secrétariat au cours duquel mon employeur me persuada de me former à la sophrologie sur Toulouse. Dans la foulée, je décrochais un poste d'hydrothérapeute en centre de thalassothérapie et dispensais dans le même temps des cours de sophrologie. Entre temps, je rompais, non sans difficulté, avec une secte de "néospiritisme" qui exerçait une forte emprise spirituelle dans ma vie. Je m'interrogeais sur le bien-fondé de la sophrologie, les phénomènes de synchronicité récurrents, ses ressorts, son fonctionnement et ses limites jusqu'au jour où un thérapeute m'interpella en me sommant d'interrompre mon activité de sophrologue sans me donner les raisons. Je crus profondément à cet appel du Ciel et je quittai mon travail dans les mois qui suivirent. Demeurait en moi ce verset : "**Demandez et l'on vous donnera ; cherchez et vous trouverez ; frappez et l'on vous ouvrira" Mathieu 7 : 7 ;**

Les malheurs se succédèrent inexorablement, suicide de ma cousine; …, relations sentimentales éphémères, précarité dans le travail, changement de résidences multiples. Je connus une vie d'errance, parsemée de crises et d'échecs avec une tendance à reproduire un schéma de soumission, dépendance et fuite dans mes relations à autrui. Je m'enfonçais toujours davantage dans le monde sirupeux du" Nouvel Age" en m'étourdissant dans l'apprentissage de nouvelles techniques ; massages énergétiques, réflexologie, naturopathie, EFT etc. …

Et le monde de l'occulte au travers de personnes dotées de dons paranormaux (médiumnité, divination...). J'appelais à l'aide, Jésus dans mes prières et commençait à renouer avec la foi. Souhaitant rompre avec ce passé, je consultais le prêtre exorciste du diocèse de Lourdes jusqu'au jour où je pris contact auprès d'un autre prêtre exorciste… et qui me recommanda auprès de Béatrice. Le 10 Décembre 2012, je reçus **l'Onction puissante de l'Esprit Saint** grâce à l'intervention de Béatrice Malleron-Emery et du père Bourdallé. Une sphère d'amour, de joie intense et de béatitude m'enveloppait qui me délivra de mes maux physiques (douleurs chroniques aux lombaires, bruxisme, douleurs à l'épaule et au bras droit) et de mes liens avec l'impureté, l'occultisme et le" Nouvel Age". **Je reçus une immense grâce du Ciel, ce fut le plus beau jour de ma vie !**

Béatrice, accompagnée d'un prêtre, travaille dans l'obéissance totale à l'Eglise et à son père spirituel. Don de discernement, don de libération et don de guérison sont ses charismes de prédilection. Elle possède les qualités humaines de compassion, d'empathie, d'humilité, de discrétion et de droiture pour mener à bien sa tâche. Je tiens à témoigner toute ma joie et ma gratitude au père exorciste pour son écoute, son discernement, ses conseils et qui a permis la rencontre avec Béatrice. Je remercie profondément le père Bourdallé, dévoué, humble et bon qui accompagne fidèlement Béatrice dans sa mission.

Merci, du fond du coeur, Béatrice, véritable baume au coeur dans ce monde en détresse, toi qui oeuvres pour la réconciliation de chacun à l'amour de Jésus Christ, de Marie et de tous les Anges et les Saints. Gloire et louange à Toi, Jésus d'avoir envoyé Béatrice sur notre diocèse pour prodiguer si généreusement ses charismes et ses prières pour la libération des souffrants. Que Dieu vous garde et vous bénisse ! V.M[55].

En 2010, elle a vu le père Villeneuve, prêtre exorciste nommé de Lourdes. Il l'a écoutée, mais il minimisait son problème. La rencontre a été brève. Il prenait son problème pour un dérèglement psychique ! Il ne lui a pas accordé d'importance !

Quand V.-M. a reçu l'Onction du Saint Esprit, je l'ai moi aussi reçue, j'étais dans le FEU DIVIN et Il m'a inspirée de souligner la bonté du prêtre accompagnateur qui n'était pas à l'aise avec l'Effusion de l'Esprit de Vérité !

---

[55] Initiales modifiées.

EPILOGUE

Qui aurait cru que Marthe Robin était liée à Paul VI ?
Est-ce le fait qu'ils étaient tous les deux dans le mensonge et gouvernés par des esprits démoniaques ?
A tous ceux et à toutes celles qui combattent pour vivre décemment, à tous les Français, à toutes les Françaises, sachez que les Ennemis de la France, les Ennemis de la France chrétienne mêlent notre propre sang aux sacrifices qu'ils offrent à leurs faux-dieux, pour nous asservir, nous violer, nous abuser, nous réduire au silence, faire de nous des marionnettes, des esclaves ! Battez-vous avec les armes spirituelles de Jésus-Christ. Sans Son Aide, vous n'y arriverez pas. Que ceux et celles qui sont dans le péché du mensonge et autres péchés, renoncent aux péchés et se confessent. Que tous ceux diacres, prêtres, évêques, archevêques, cardinaux qui ont été ordonnés après le Concile Vatican II soient réordonnés sous condition….
Relisez ce qui s'est passé le 29 juin 1963, dans mon neuvième livre « L'abus rituel à l'aune de la Papauté ! »
Que tous ceux et toutes celles qui savent prier, fassent des miracles pour que toutes les brebis perdues croient. Ce n'est pas compliqué **pour faire des miracles**, il faut avoir la foi et mettre sa foi en action et prier, en accord avec l'Esprit de Vérité (je rappelle quand on prononce le mot St, on vous lie à un esprit démoniaque d'une religion abrahamique, qu'il faut chasser correctement). Libération d'une possédée italienne le 14 09 2009. Libération de plusieurs possédés ; Guérison d'une maladie sur la table d'opération, les chirurgiens l'ont déclarée guérie miraculeusement en 2004 ; Guérison d'un homme de 90 ans pour un problème aux reins, infection, septicémie, la radio montrait une tâche noire au niveau du rein, à l'arrivée à l'hôpital, la radio était claire ; Destruction de nombreuses sauterelles par la prière dans un verger à la demande du propriétaire ; La pluie s'arrête

quand on lui ordonne, au Nom Jésus ; Destruction d'animaux dans le corps de victimes ; Jésus avait cassé la barrière de la démence sénile à l'hôpital, « **je vous remercie, vous m'avez ôté tout le fiel** [56]**qu'il y avait dans mon cœur** » ; Une malade d'Alzheimer, Jésus a cassé la barrière de la maladie, elle me parlait distinctement ; Guérison de plusieurs cancers du sein, du pancréas ; Guérison du fibrome, le médecin a dit « impossible sans opération » ; De nombreuses maladies ; Des Bipolarités et des Schizophrénies ; Résurrection d'un prêtre envoûté par kon ; Quelques prières de résurrection ; Destruction du Cannibalisme mystique pour plusieurs victimes ; Maladie guérie par ma prière de Piscinière ; De nombreuses sorcelleries détruites ; Maladies conduisant à la mort, envoyées ; Maladies de la vache folle ; Trisomie (je ne souviens plus du numéro) en 2014 ; Libération et guérison du viol plusieurs fois, y compris sur des ascendants décédés qui bloquaient la libération ; Discerner plusieurs cas de personnes sorcières qui ne voulaient pas se convertir ; DE TRES NOMBREUSES MALADIES dont la pneumonie. Grandes Libérations. Donnez votre vie à Dieu pour que vous soyez consolés, aimés, aidés….Jésus vous aime, n'ayez pas peur, faites Lui confiance, même si les temps actuels sont difficiles, Il est Votre Sauveur, Votre Libérateur. Le meilleur refuge est le Cœur de Jésus, le Cœur de Marie. » Jésus t'invite, nous invite à l'aimer tous les jours de notre vie. Jésus nous dit, nous redit : « Je suis avec vous tous les jours, Celui qui demeure en moi et moi en lui porte beaucoup de fruit. Sans Moi, vous ne pouvez rien faire, Que Ta volonté soit faite sur la terre, comme au Ciel. Veillez et priez, Louez Dieu, aimez-Le, Sa Parole est efficace. N'aie pas peur, laisse-toi regarder par le CHRIST, car Il t'aime.

« Quiconque appartient à la vérité écoute ma voix. » St Jean 18, 37.

Béatrice Malleron-Emery, descendante de Rois de France

---

[56] Actes des Apôtres 8, 23 « car tu es, je le vois dans l'amertume du fiel et les liens de l'iniquité ».

Mes Publications

Mon expérience d'exercice de charismes, appréciée par différents prêtres exorcistes ou accompagnateurs spirituels, est recueillie dans les dix livres que j'ai publiés dont un sur mon site :

1-Une Hospitalière raconte… De la souffrance à la joie ! Editions Bénédictines 2011 ; Epuisé.

2-Tribune : Ne minimisons pas l'action du démon dans nos vies à Riposte Catholique, 6 mai 2016.
https://www.riposte-catholique.fr/archives/123379

3-Livre : Si tu crois, tu verras la Gloire de Dieu ; Editions Croix du Salut 23 mai 2017 ; (130 témoignages de libération et de guérison) ;

4-Livre :Passeport pour l'Enfer si tu t'enfonces dans la boue de l'impureté ! Editions Croix du Salut, 30 novembre 2018 ;

5-Livre : La Vierge Marie nous annonce des fléaux mondiaux ! Notre Dame des Victoires, venez à notre secours ! Editions Generis Publishing, 29 05 2020 ;

6- Cinquième Livre : Et Si eux se taisent, les pierres crieront ! aux Editions Generis Publishing 4 12 2020.

7-Dossier sur les âmes errantes dans Réponses Catholiques sur le site de Riposte Catholique, 13 mars 2022. https://reponses-catholiques.fr/ames-errantes/

8-Sixième livre : « Et Si eux se taisent, les pierres crieront ! » « La Prière de libération a sauvé de l'Enfer l'âme errante de Jacques de Molay, grand maître des Chevaliers des Templiers ! » revu et enrichi d'un sous-titre le 19 03 2022. Publié deux fois. Editions Croix du Salut et Generis Publishing.

9- Site du Père Guy Pages : https://www.islam-et-verite.com/liberes-des-demons/ article « Libérés de démons » du 5 février 2023, j'ai apporté un complément de 11 pages, à Riposte Catholique qui l'a publié le 9 février 2023 Existe-t-il encore des démons?
https://www.riposte-catholique.fr/archives/174828

et aussi publié le 11 février 2023 par « Le Salon Beige, Le diable existe-t-il vraiment ? » https://www.lesalonbeige.fr/le-diable-existe-t-il-vraiment

10- Septième livre : « Etes-vous exorciste, Madame ? » sous les 2 noms publié aux Editions Generis Publishing.

11- Huitième livre gratuit publié sur mon site : Les Conséquences de la Messe Conciliaire maintiennent l'Abus rituel satanique mystique !

12- Neuvième livre : L'Abus rituel à l'aune de la Papauté ! publié aux Editions Croix du Salut.

13- Dixième livre : Choisir la Vérité ou le mensonge pour Ceinture !

https://lajoieretrouvee.wixsite.com/auteure

Nom d'autrice : Béatrice Malleron-Emery

L'interview donné à Radio Maria France le 7 mai 2020 : 2020-05-07 Interview de Béatrice, hospitalière à Lourdes by ... soundcloud.com › radiomariafrance › itw-temoignages-...

Références :

Cet ouvrage « Si tu crois, tu verras la Gloire de Dieu » est référencé « dans la partie F. Ouvrages pastoraux sur l'exorcisme et la délivrance. Revues et livres en français », du livre «Tactiques du diable et délivrances » fruit de **la thèse de doctorat en théologie**, sorti en février 2018 du père Jean-Baptiste Golfier, chanoine régulier de l'abbaye de Lagrasse. Je lui avais confié un document utile pour sa thèse et pour me remercier, il me cite dans son livre.

Dans le site « Compilhistoire » citée par son Auteur Jean-Paul Coudeyrette https://compilhistoire.fr/exorcisme.html

En guise de Postface

Mes chaleureux remerciements à l'Extraordinaire Esprit de Vérité.

Sans Lui, je n'aurai pu avancer dans les prières de libération, car c'est Lui qui me guide par ce charisme si précieux, le discernement direct des esprits dans la libération et dans l'écoute et quand je ne sais pas ou j'ai oublié, Il continue à me guider par une autre motion charismatique. Il m'encourage à relire les nombreuses motions charismatiques qu'Il m'a données.

Priez-Le ce Cher Esprit d'Amour, demandez-Lui ce dont vous avez besoin. Merci Esprit d'Amour pour toutes ces grâces reçues. Merci pour toutes Tes Effusions.

Le 4 juillet 2000, **Première Effusion de l'Esprit Saint à Lourdes**, je reçois la louange. Je suis retournée comme une crêpe, la prière deviendra très importante dans ma vie.

Aux Rameaux 2007 dans le Cantal, **Deuxième Effusion de l'Esprit Saint**, je reçois le texte, Ephésiens 6, 10-18.

Le 1er juillet 2008, **Troisième Effusion de l'Esprit Saint pendant la Messe dans un Prieuré.** J'ai entendu « sois sans crainte, tu as trouvé grâce auprès de Dieu. »

A la Pentecôte 2009, **Quatrième Effusion de l'Esprit Saint pendant le Sacrement de Réconciliation.** Mon Confesseur s'en rendra compte.

Le 8 janvier 2010, **Cinquième Effusion de l'Esprit Saint (ou Visitation de 2h45), en Belgique,** faisant suite à une école sur le Saint Esprit. Le Religieux animateur priera sur moi. Je recevais d'abord une guérison physique dûe à une souffrance fœtale.

Ensuite de nombreux textes bibliques pour ma mission. Et l'appel du Seigneur à travailler pour la libération.

En 2011, dans l'Ouest de la France, **la Sixième Effusion de l'Esprit Saint, consolée dans les bras du Père Eternel, suite à une calomnie d'un Curé**. Mais deux intercesseuses m'ont retenue pour prier sur moi. A un autre moment, j'ai encore entendu le chant « A l'Agneau de Dieu, la Victoire », et je suis tombée dans le repos de l'Esprit Saint. Et j'ai reçu une grâce très spéciale : « être consolée par le Père Eternel dans Ses bras ». Un cadeau merveilleux d'amour !

Le 10 décembre 2012, dans une prière de libération pour une accueillie, je reçus le charisme du discernement direct des esprits, la personne fut libérée et guérie et elle vécut aussi l'Effusion de l'Esprit Saint, **Septième Effusion de l'Esprit Saint**. Le prêtre âgé qui m'accompagnait, l'a refusée, mais l'Esprit de Vérité a souligné qu'il était bon, humble et dévoué.

Jésus avait promis qu'Il ne nous laisserait pas seuls, qu'Il nous enverrait l'Esprit de Vérité. Merci beaucoup Esprit d'Amour pour toutes ces prières exaucées, pour toutes ces personnes libérées et guéries, plus de 10 000. Merci Esprit de Force.

Jésus nous dit « si vous m'aimez, vous garderez mes commandements. Moi, je prierai le Père, et il vous donnera un autre Défenseur, qui sera pour toujours avec vous, l'Esprit de Vérité, lui que le monde ne peut recevoir, car il ne le voit pas et ne le connaît pas ; vous, vous le connaissez, car il demeure auprès de vous, et il sera en vous ». Jn[57] 14, 15 à 17.

----

[57] Bible : www.aelf.org

Table des matières

Préface 1

1- Quiconque appartient à la vérité écoute ma voix, Jn 18,37 3

2 – Revêtir l'armure de Dieu pour combattre spirituellement 13

3 - Rendez-vous puissants dans le Seigneur et dans la vigueur de sa force Ephésiens 6, 10 18

4 - PSYCHIATRIE ET/OU DEMONOLOGIE 32

5 – Dans l'exercice des Charismes 50

6 - Le pouvoir de chasser les démons 57

7 – Des prêtres exorcistes qui n'avaient pas su discerner la possession ! 61

8 – Un homme ou une femme assoiffée de pouvoir 66

est-il ou est-elle habitée ? 66

9 – Une belle histoire de libération et cette dame cherchait tant à être libérée ! 74

EPILOGUE 77

Mes Publications 79

Références : 80

En guise de Postface 81

Printed by Books on Demand GmbH, Norderstedt / Germany